Cómo ser un estoico

Biografía

Massimo Pigliucci nació y creció en Roma, aunque actualmente vive en Nueva York, donde es profesor de Filosofía en el City College of New York. Es doctor en Genética, Biología Evolutiva y Filosofía, y ha contribuido con sus artículos en distintas publicaciones, entre ellas *The New York Times*, *The Washington Post* y *The Wall Street Journal*. También es posible encontrar sus reflexiones filosóficas en massimopigliucci.net

Massimo Pigliucci

Cómo ser un estoico

Utilizar la filosofía antigua para vivir una vida moderna

Traducción de Francisco García Lorenzana

Ariel

Obra editada en colaboración con Editorial Planeta – España

Título original: *How to be a Stoic: Using Ancient Philosophy to Live a Modern Life*

Publicado originalmente en Gran Bretaña por Rider en 2017
Publicado en Estados Unidos por Basic Books, un sello de Perseus Books, LLC, división de Hachette Book Group, Inc.

Adaptación de la portada: Booket / Área Editorial Grupo Planeta
Imagen de la portada: © Francesco Scatena

Bajo el sello editorial BOOKET PAIDÓS M.R.
Avenida Presidente Masaryk núm. 111,
Piso 2, Polanco V Sección, Miguel Hidalgo
C.P. 11560, Ciudad de México
www.planetadelibros.com.mx
www.paidos.com.mx

Primera edición impresa en España en Booket: mayo de 2021
ISBN: 978-84-08-27377-6

Primera edición impresa en México en Booket: mayo de 2026
ISBN: 978-607-639-144-0

Impreso en los talleres de Litográfica Ingramex, S.A. de C.V.
Centeno núm. 162-1, colonia Granjas Esmeralda, Ciudad de México
Impreso en México - *Printed in Mexico*

Para Caley Luna, que acaba de empezar su propia singladura por la filosofía. Espero que esta cambie su vida a mejor, como hizo con la mía. A Corinna, que me ha animado mucho para que me convierta en una mejor persona a través de la práctica del estoicismo.

Índice

Parte III
LA DISCIPLINA DEL CONSENTIMIENTO: CÓMO REACCIONAR ANTE LAS SITUACIONES

1

La ruta extraviada

> A mitad del camino de la vida
> en una selva oscura me encontraba
> porque mi ruta había extraviado.
>
> DANTE, *Divina Comedia*:
> *Infierno*, Canto I

En todas las culturas que conocemos, ya sean seculares o religiosas, ya sean étnicamente diversas o no, la cuestión de cómo vivir es un tema capital. ¿Cómo deberíamos afrontar los retos y las vicisitudes de la vida? ¿Cómo nos deberíamos comportar en el mundo y tratar a los demás? Y la cuestión última: ¿cuál es la mejor preparación para la prueba final de nuestro carácter, el momento de nuestra muerte?

Las numerosas religiones y filosofías que se han desarrollado a lo largo de la historia humana para ocuparse de estos temas ofrecen respuestas que van desde lo místico hasta lo hiperracional. Recientemente, incluso la ciencia ha penetrado en este campo, con un despliegue de artículos técnicos y libros de divulgación sobre la felicidad y cómo conseguirla, acompañados de las imágenes imprescindibles del escaneado del cerebro con el título «su cerebro sobre...» sea lo que sea que pueda aumentar o disminuir su satisfacción con la vida. Paralelamente, las herramientas para buscar las respuestas a las preguntas existenciales varían tanto como los puntos de vista que se han utilizado: desde los textos sagrados a la meditación profunda, desde los argumentos filosóficos a los experimentos científicos.

El panorama resultante es realmente sorprendente y refleja tanto la creatividad del espíritu humano como la urgencia que obviamente otorgamos a la investigación sobre el significado y el propósito de la vida. Podemos abrazar cualquiera de la gran variedad de opciones dentro de las religiones judeo-cristiano-musulmanas, por ejemplo; o decantarnos por una del abanico de escuelas budistas; u optar en su lugar por el taoísmo o el confucianismo, entre muchas otras. Si en lugar de la religión, su gusto va más por la filosofía, entonces se puede volver hacia el existencialismo, el humanismo secular, el budismo secular, la cultura ética, etcétera. O tal vez puede llegar a la conclusión de que no existe ningún sentido —en realidad, la misma búsqueda del mismo no tiene ningún sentido— y se acomoda a una especie de nihilismo «feliz» (sí, existe algo así).

Por mi parte, yo me he convertido en un estoico. No quiero decir que haya empezado a mostrar un labio superior inmóvil y a suprimir mis emociones. A pesar de lo mucho que me gusta el personaje del señor Spock (al que el creador de *Star Trek* Gene Roddenberry aparentemente modeló según su comprensión —bastante ingenua, por cierto— del estoicismo), estos rasgos representan los conceptos erróneos más habituales sobre lo que significa ser un estoico. En realidad, el estoicismo no se centra en suprimir u ocultar las emociones; más bien se trata de reconocer nuestras emociones, reflexionar sobre lo que las provoca y redirigirlas para nuestro propio bien. También se trata de tener claro qué está y qué no está bajo nuestro control, centrando nuestros esfuerzos en lo primero y no malgastándolos en lo segundo. Se trata de practicar la virtud y la excelencia, y de transitar por el mundo maximizando nuestras capacidades, mientras somos conscientes de la dimensión moral de todas nuestras acciones. Como explico en este libro, la práctica del estoicismo implica una combinación dinámica de reflexionar sobre preceptos teóricos, de leer textos inspiradores y de practicar la meditación, el *mindfulness* y otros ejercicios espirituales.

Uno de los principios fundamentales del estoicismo es que debemos reconocer, y tomarnos en serio, la diferencia entre lo que podemos y no podemos dominar. La distinción —que también aparece en algunas doctrinas budistas— se toma con frecuencia para indicar una tendencia de los estoicos a retirarse de los compromisos sociales y de la vida pública, pero una mirada más cercana tanto a los escritos estoicos como, lo que es más importante, a la vida de estoicos famosos, disipará esta impresión: el estoicismo es principalmente una filosofía del compromiso social que también anima a amar a toda la humanidad y a la naturaleza. Esta tensión aparentemente contradictoria entre el consejo de centrarse en los propios pensamientos y la dimensión social del estoicismo fue lo que me atrajo a su práctica.

No llegué al estoicismo durante mi camino hacia Damasco, sino a través de una combinación de casualidad cultural, vicisitudes de la vida y una elección filosófica deliberada. En retrospectiva, parecía inevitable que mi camino me acabaría llevando al estoicismo. Criado en Roma, considero que el estoicismo forma parte de mi herencia cultural desde que estudié en el instituto la historia y la filosofía de las antiguas Grecia y Roma, pero no ha sido hasta hace poco que he intentado que sus principios formen parte de mi vida cotidiana.

De profesión soy científico y filósofo, y por eso siempre me he sentido inclinado a buscar maneras más coherentes de entender el mundo (a través de la ciencia) y encontrar las mejores opciones para vivir mi vida (a través de la filosofía). Hace unos años escribí un libro, *Answers for Aristotle: How science and philosophy can lead us to a more meaningful life*, en el que exploraba dicho marco, al que llamé *sciphi.* El objetivo básico era combinar la idea antigua de virtud ética, que se centra en el desarrollo del carácter y en la búsqueda de la excelencia personal como los pilares para que nuestra vida tenga un sentido, con lo último que nos explican las ciencias naturales y sociales sobre la naturaleza humana y cómo actuamos, fracasamos y aprendemos. Al final resultó que esto solo fue el principio de mi viaje hacia la toma de conciencia filosófica.

En ese momento estaba ocurriendo otra cosa que me hizo detenerme y reflexionar. No he sido una persona religiosa desde que era adolescente (me sentí impulsado a abandonar el catolicismo, en parte por la lectura en el instituto del famoso *Por qué no soy cristiano* de Bertrand Russell), y desde entonces he estado solo en la reflexión sobre de dónde proceden mi moral y el significado de mi vida. Asumo que un número creciente de personas en Estados Unidos y por todo el mundo se enfrentan a un problema similar. Aunque me adhiero a la idea de que la falta de una afiliación religiosa debe ser una elección vital tan aceptable como pertenecer a cualquier religión, y apoyo con firmeza la separación constitucional de la Iglesia y el Estado en Estados Unidos y en cualquier otro sitio, también me siento cada vez más insatisfecho (tradúzcalo por profundamente irritado) por la furia intolerante de los llamados nuevos ateos, representados por Richard Dawkins y Sam Harris, entre otros. Aunque la crítica pública de la religión (o de cualquier idea) es la clave de una sociedad democrática sana, las personas no responden demasiado bien cuando se las menosprecia e insulta. Sobre este tema, el filósofo estoico Epicteto está totalmente de acuerdo conmigo, al mismo tiempo que despliega su sentido del humor característico: «En este punto corre el riesgo de que le diga: "¿A usted qué le importa, señor? ¿Por qué me molesta?". Siga irritándole y es posible que le dé un puñetazo en la nariz. En su momento fui muy dado a este tipo de discursos, hasta que recibí una respuesta semejante».[1]

Existen, por supuesto, alternativas a los nuevos ateos si quiere tener un punto de vista no religioso sobre la vida, incluidos el budismo secular y el humanismo secular. Pero estos dos caminos —los principales que están a disposición de los que buscan una existencia secular con sentido— me resultan algo insatisfactorios, aunque por razones opuestas. Me parece que las corrientes que dominan en la actualidad el budismo son demasiado místicas y sus textos opacos y difíciles de interpretar, en especial bajo la luz de lo que sabemos sobre el mundo y la condición humana a partir de la ciencia moderna (y a pesar de la cantidad de estudios neurobiológicos que demuestran convincentemente los beneficios mentales de la meditación). El humanismo secular, al que me he adherido durante años, sufre el problema opuesto: depende demasiado de la ciencia y de una concepción moderna de la racionalidad, con el resultado de que —a pesar de los mejores esfuerzos de sus seguidores— parece muy frío y no es el tipo de cosas que quieres compartir con tus hijos un domingo por la mañana. De ahí creo que se deriva la espectacular falta de éxito (hablando desde el punto de vista numérico) de las organizaciones humanistas seculares.

En contraste, en el estoicismo he encontrado una filosofía racional y amistosa con la ciencia que incluye una metafísica con una dimensión espiritual, que explícitamente está abierta a una revisión y, lo que es muy importante, es eminentemente práctica. Los estoicos aceptaron el principio científico de la causalidad universal: todo tiene una causa y todo en el universo se desarrolla de acuerdo con los procesos naturales. No hay lugar para rarezas trascendentales. Pero también creían que el universo está estructurado según lo que llamaron el *Logos*, que se puede interpretar como Dios o simplemente como lo que a veces recibe el nombre de «dios de Einstein»: el hecho sencillo e indudable de que la naturaleza resulta comprensible a través de la razón.

Aunque existen otros componentes del sistema estoico que son importantes, el rasgo más distintivo del estoicismo es su practicidad: se inició bajo la apariencia de —y siempre se lo ha comprendido así— una búsqueda de una vida feliz y con sentido. Por eso no resulta sorprendente que sus textos fundamentales —la mayoría de los cuales nos han llegado desde la tardía Stoa* romana (que era el nombre que recibía la escuela estoica) porque los escritos más antiguos se han perdido— sean ejemplos de claridad. Epicteto, Séneca, Musonio Rufo y Marco Aurelio nos hablan con un lenguaje sencillo, muy alejado de los frecuentemente crípticos textos budistas o incluso de las desbordantes alegorías de los primeros cristianos. Una de mis citas favoritas, también de Epicteto, ejemplifica esta practicidad con los pies en el suelo: «La muerte es necesaria y no se puede evitar. Es decir, ¿a dónde voy a ir para alejarme de ella?».[2]

La razón final para que me hiciera estoico es que esta filosofía habla más directa y convincentemente de la inevitabilidad de la muerte y de cómo prepararse para ella. Hace poco superé el medio siglo, un punto aparentemente arbitrario en la vida que a pesar de todo me impulsó a ocuparme de reflexiones más amplias: ¿quién soy y qué estoy haciendo? Como persona no religiosa, también estaba buscando algún tipo de guía para prepararme para el final de mi vida. Más allá de mis propias preocupaciones, vivimos en una sociedad en la que la ciencia moderna está extendiendo la vida y, en consecuencia, cada vez más de nosotros tendremos la necesidad de decidir qué vamos a hacer con nuestra existencia durante décadas después de la jubilación. Más aún, sea lo que sea que decidamos sobre el significado de nuestras vidas extendidas, también tenemos que encontrar la manera de prepararnos a nosotros mismos y a nuestros seres queridos para enfrentarnos a la desaparición permanente de nuestra conciencia, de nuestra presencia única en este mundo. Y tenemos que saber cómo morir de una manera digna que nos permita alcanzar la tranquilidad mental y que sea de consuelo para los que nos sobrevivan.

* Literalmente, pórtico. Los primeros filósofos de esta escuela impartían su enseñanza en la *Stoa Poikilé* (pórtico pintado) del ágora de Atenas y de ahí deriva el nombre. *(N. del T.)*

Es conocido que los primeros estoicos dedicaron un gran esfuerzo y muchos textos a lo que Séneca se refería como la prueba última del carácter y los principios. «Morimos cada día»,[3] le escribió a su amigo Cayo. Séneca conectaba esta prueba con el resto de nuestra existencia en la tierra: «Un hombre no puede vivir bien si no sabe cómo morir bien».[4] Para los estoicos, la vida es un proyecto en desarrollo, y la muerte, su meta lógica y natural, no es nada especial y en sí misma no es nada que debamos temer en especial. Este punto de vista me llegaba muy dentro porque planteaba un equilibrio entre dos actitudes opuestas a las que había estado expuesto y que me parecían desagradables: no fantasear sobre una inmortalidad de la que no existen evidencias ni razones para creer en ella, pero tampoco el desprecio —o peor aún, el rechazo— secular por el tema de la muerte y la extinción personal.

Por estas y otras razones, no estoy solo en mi empeño por revivir esta antigua filosofía práctica y adaptarla a la vida del siglo XXI. Todos los otoños, miles de personas participan en la *Stoic Week*,[5] un evento filosófico mundial y experimento de ciencias sociales organizado por un equipo en la Universidad de Exeter en Inglaterra, con la colaboración de filósofos académicos, terapeutas cognitivos y practicantes cotidianos procedentes de todo el mundo. El objetivo de la *Stoic Week* es doble: por un lado, conseguir que la gente aprenda sobre el estoicismo y lo relevante que es para sus vidas, y por el otro lado, recoger datos sistemáticos para analizar si la práctica del estoicismo representa una diferencia. Los resultados preliminares derivados de la iniciativa de Exeter son provisionales (en las *Stoic Weeks* del futuro se utilizarán protocolos experimentales más sofisticados sobre muestras más grandes), pero prometedores. Los participantes de la tercera *Stoic Week*, por ejemplo, ofrecieron un aumento del 9 por ciento de las emociones positivas, un descenso del 11 por ciento de las emociones negativas y una mejora del 14 por ciento en la satisfacción vital después de una semana de práctica. (El año anterior, el equipo llevó a cabo un seguimiento a largo plazo y confirmó los resultados iniciales en personas que siguieron practicando.) También parece que los participantes creen que el estoicismo los vuelve más virtuosos: el 56 por ciento otorgó a la práctica estoica una nota alta en ese aspecto. Por supuesto, se trata de una muestra de personas autoseleccionadas que tienen interés en el estoicismo y participan al menos de algunas de sus ideas y prácticas. Pero si personas que ya están comprometidas en cierto modo con este punto de vista presentan cambios tan significativos al cabo de unos pocos días, esto debería animar a otras personas a prestarle un poco de atención.

Estos resultados no son totalmente sorprendentes, teniendo en cuenta que el estoicismo es la raíz filosófica de una serie de terapias psicológicas basadas en pruebas científicas, entre ellas la logoterapia de Viktor Frankl y la terapia racional emotiva conductual de Albert Ellis. De Ellis se ha llegado a decir que «ningún individuo —ni siquiera el propio Freud— ha tenido un impacto tan grande en la psicoterapia moderna».[6] Frankl fue un neurólogo y psiquiatra que sobrevivió al Holocausto y escribió el *best seller El hombre en busca de sentido*. Su conmovedora e inspiradora historia de resiliencia se puede leer como un ejemplo contemporáneo de estoicismo práctico. Tanto Ellis como Frankl reconocían el estoicismo como una influencia importante en el desarrollo de sus métodos terapéuticos, con Frankl caracterizando la logoterapia como un tipo de análisis existencial. Otro relato emotivo de estoicismo lo ofrece el vicealmirante James Stockdale en sus memorias *In love and war*. Es conocido que Stockdale atribuyó al estoicismo (y en particular a sus lecturas de Epicteto) su supervivencia bajo condiciones terribles en un campo de prisioneros de guerra vietnamita. También tiene una deuda significativa con el estoicismo la familia cada vez más diversa de prácticas que se agrupan bajo la rúbrica general de terapia cognitiva conductual (CBT, en sus siglas en inglés), que se aplicó inicialmente para el tratamiento de la depresión y que en la actualidad se emplea ampliamente en una variedad de trastornos mentales. Aaron T. Beck, autor de *Cognitive therapy of depression*, reconoce su deuda cuando escribe: «Los orígenes filosóficos de la terapia cognitiva se pueden rastrear hasta los filósofos estoicos».[7]

Por supuesto, el estoicismo es una filosofía, no un tipo de terapia. La diferencia es crucial: una terapia pretende ser un enfoque a corto plazo para ayudar a las personas a superar problemas específicos de naturaleza psicológica; no es necesario que proporcione un marco general, o una filosofía, de vida. No obstante, una filosofía de vida es algo que necesitamos todos y que todos desarrollamos, de manera consciente o no. Algunas personas simplemente adoptan en su conjunto un marco de vida que adquieren de una religión. Otras construyen su propia filosofía mientras siguen adelante, sin pensar demasiado en ello, pero aun así realizan acciones y toman decisiones que reflejan una comprensión implícita del sentido de la vida. Y también hay otras que más bien —según la famosa frase de Sócrates— se toman tiempo para examinar su vida con el objetivo de vivirla mejor.

Puede que el estoicismo, como cualquier filosofía de vida, no sea atractivo ni funcione para todo el mundo. Resulta bastante exigente establecer que el carácter moral es lo único valioso que merece la pena cultivar; la salud, la educación e incluso la riqueza se consideran «indiferentes preferidos» (aunque los estoicos no abogan por el ascetismo e históricamente muchos de ellos disfrutaron de las cosas buenas de la vida). Estas «externalidades» no definen lo que somos como individuos y no tienen nada que ver con nuestra valía personal, que depende de nuestro carácter y de nuestro ejercicio de las virtudes. En este sentido, el estoicismo es eminentemente democrático, pasando a través de las clases sociales: ya sea rico o pobre, sano o enfermo, educado o ignorante, todo esto no implica ninguna diferencia en su capacidad para vivir una vida moral y así alcanzar lo que los estoicos llamaban *ataraxia*, o tranquilidad de la mente.

A pesar de todas sus singularidades, el estoicismo tiene numerosos puntos de contacto con otras filosofías, con religiones (budismo, taoísmo, judaísmo y cristianismo) y con movimientos modernos como el humanismo secular y la cultura ética. Para mí, como persona no religiosa, hay algo muy atrayente en la idea de una filosofía tan ecuménica, que puede compartir sus objetivos o al menos algunas actitudes generales con otras grandes tradiciones éticas de todo el mundo. Estas características compartidas me han permitido rechazar con mayor fuerza las estridencias del Nuevo Ateísmo que he criticado antes, y también permiten que personas religiosas se distancien del cada vez más pernicioso fundamentalismo de diferente índole que ha marcado nuestra historia reciente. Para un estoico, en última instancia no importa si creemos que el Logos es Dios o la naturaleza, siempre que reconozcamos que una vida humana digna se tiene que centrar en el cultivo del carácter personal y en la preocupación por las demás personas (e incluso por la propia naturaleza), y que se disfruta más si se adopta un camino adecuado —pero no fanático— para distanciarse de los bienes puramente mundanos.

Naturalmente, también existen desafíos que siguen sin resolverse y que exploraré junto con los lectores en *Cómo ser un estoico*. El estoicismo original, por ejemplo, era una filosofía completa que incluía no solo una ética sino también una metafísica, una ciencia natural y enfoques específicos de lógica y epistemología (es decir, una teoría del conocimiento). Los estoicos consideraban que estos aspectos de su filosofía eran importantes porque encajaban y formaban parte de su preocupación principal: cómo vivir la propia vida. La idea era que para decidir sobre la mejor manera de vivir también se necesitaba comprender la naturaleza del mundo (metafísica), cómo funcionaba (ciencias naturales) y cómo (imperfectamente) podemos comprenderlo (epistemología).

Pero muchas de las nociones específicas desarrolladas por los antiguos estoicos han dejado su lugar a otras nuevas introducidas por la ciencia y la filosofía modernas, de manera que es necesario ponerlas al día. Por ejemplo, como explica William Irvine en su lúcida *A guide to the good life*,[8] la clara dicotomía que señalaron los estoicos entre lo que está y no está bajo nuestro control es demasiado estricta: más allá de nuestros pensamientos y actitudes, existen algunas cosas en las que podemos y, dependiendo de las circunstancias, debemos influir, hasta alcanzar el punto en que reconozcamos que en nuestro poder ya no queda nada más por hacer. Por el contrario, también es cierto que los estoicos resultaron ser extremadamente optimistas sobre el control que los seres humanos tienen sobre sus propios pensamientos. La ciencia cognitiva moderna ha demostrado una y otra vez que con frecuencia somos víctimas de prejuicios y engaños cognitivos. Pero desde mi punto de vista, este conocimiento refuerza la idea de que necesitamos entrenarnos en el pensamiento virtuoso y correcto, como aconsejaban los estoicos.[9]

Finalmente, uno de los rasgos más atractivos del estoicismo es que los estoicos estaban dispuestos a considerar las objeciones a sus doctrinas y, por tanto, a alterarlas de acuerdo con aquellas. En otras palabras, se trata de una filosofía abierta, dispuesta a incorporar las críticas de otras escuelas (por ejemplo, de los llamados escépticos de la época antigua) así como de los nuevos descubrimientos. Como dice la famosa frase de Séneca: «Los hombres que realizaron estos descubrimientos antes de nosotros no son nuestros amos, sino nuestros guías. La verdad está abierta a todos; aún no ha sido monopolizada. Y queda mucha para que la descubra la posteridad».[10] En un mundo de fundamentalismo y doctrinas inamovibles, resulta refrescante adoptar una visión del mundo que está inherentemente abierta a revisión.

Por todas estas razones, he decidido adherirme al estoicismo como filosofía de vida, para explorarlo, estudiarlo, encontrar áreas de mejora si es posible y compartirlo con otras personas con los mismos intereses. En última instancia, por supuesto, el estoicismo solo es otro camino (extraviado) marcado por la humanidad para desarrollar una visión más coherente del mundo, de quiénes somos y de cómo encajamos en el esquema más amplio de las cosas. La necesidad de este tipo de análisis parece que es universal y en *Cómo ser un estoico* haré todo lo posible para guiar al lector por esta ruta antigua pero aun así extraordinariamente moderna.

El problema es que yo soy también un novicio cuando hablamos de filosofía estoica, así que en realidad tengo que confiar en un guía mucho más experto, en alguien que nos pueda mostrar con amabilidad el camino, alejándonos de los errores más habituales y manteniéndonos en la dirección hacia la iluminación. Cuando Dante Alighieri emprendió su propio viaje espiritual —que dio lugar a la redacción de la hermosa *Divina Comedia*— se imaginó de repente perdido en medio de un bosque oscuro sin saber muy bien hacia dónde debía ir. Resultó que se encontraba en la entrada (imaginaria) del Infierno, a punto de descender a sus profundidades. Afortunadamente para él, tuvo un mentor seguro para guiarlo en el viaje: el poeta romano Virgilio. El viaje en el que estamos a punto de embarcarnos no es desde luego la *Divina Comedia*, pero en cierto sentido nosotros también estamos perdidos y necesitamos una guía con la misma certeza que la necesitaba Dante. Mi elección para el papel de guía es Epicteto, el primer estoico que conocí cuando inicié mi exploración de esta filosofía.

Epicteto nació en Hierápolis (la actual Pamukkale en Turquía) alrededor del año 55 d.C. Epicteto no era su verdadero nombre, perdido para nosotros: la palabra significa simplemente «adquirido», señalando el hecho de que era un esclavo. Se sabe que su amo fue Epafrodito, un liberto rico (es decir, un antiguo esclavo) que trabajaba como secretario del emperador Nerón en Roma, que es donde Epicteto pasó su juventud. Estaba lisiado, ya fuera de nacimiento o a causa de una herida recibida mientras era esclavo de un amo anterior. En cualquier caso, Epafrodito trató bien a Epicteto y le permitió estudiar la filosofía estoica bajo uno de los maestros más renombrados en Roma: Musonio Rufo.[11]

Tras la muerte de Nerón en 68 d.C., su amo liberó a Epicteto, una práctica habitual en Roma con esclavos especialmente inteligentes y educados. Entonces Epicteto estableció su propia escuela en la capital del Imperio y enseñó hasta 93 d.C., cuando el emperador Domiciano expulsó a todos los filósofos de la ciudad. (Los filósofos en general y los estoicos en particular fueron perseguidos por una serie de emperadores, en especial Vespasiano y Domiciano. Muchos filósofos fueron asesinados —entre ellos Séneca, justo antes del final del reino de Nerón— o exiliados, como le ocurrió dos veces a Musonio. La afición estoica de decirle la verdad al poder, como diríamos en la actualidad, no tenía una buena acogida entre algunas personas que se aferraban con muchas ganas a ese poder.)

Epicteto trasladó su escuela a Nicópolis, en el noroeste de Grecia, donde es posible que recibiera la visita del emperador Adriano (uno de los llamados cinco emperadores buenos, el último de los cuales fue Marco Aurelio, seguramente el estoico más famoso de todos los tiempos).[12] Epicteto se hizo famoso como maestro y atrajo a una serie de estudiantes de alto rango, entre ellos Arriano de Nicomedia, que transcribió algunas de las lecciones del maestro. En la actualidad, estas lecciones se conocen como las *Disertaciones*, que utilizaré como base para nuestra exploración del estoicismo en este libro. Epicteto no se casó, aunque a una edad avanzada empezó a vivir con una mujer que le ayudó a criar al hijo de un amigo, un muchacho al que habrían dejado morir si no lo hubiera recogido. Epicteto murió alrededor de 135 d.C.

Qué figura más remarcable, ¿o no? Un esclavo tullido que adquiere una educación, se convierte en hombre libre, establece su propia escuela, es exiliado por uno de los emperadores, pero establece lazos de amistad con otro, y desinteresadamente ayuda a un niño pequeño muy cerca del final de una vida sencilla que continuó hasta la muy avanzada edad, en especial para aquella época, de ochenta años. Oh, y lo que es más importante, es la persona que pronunció algunas de las palabras más poderosas expresadas por cualquier maestro en todo el mundo occidental y más allá. Epicteto es el guía perfecto para nuestro viaje, no solo porque es el primer estoico con el que me encontré, sino por su sensibilidad e inteligencia, su negro sentido del humor y su desacuerdo conmigo en una serie de puntos importantes, que me permitirá demostrar la sorprendente flexibilidad de la filosofía estoica y su capacidad para adaptarse a tiempos y lugares tan diferentes entre sí como la Roma del siglo II y la Nueva York del siglo XXI.

Exploremos juntos el estoicismo en una conversación prolongada con Epicteto a través de sus disertaciones. Hablaremos de temas tan variados como Dios, el cosmopolitismo en un mundo cada vez más fracturado, el cuidado de nuestras familias, la importancia de nuestro carácter, la gestión de la ira y la discapacidad, la moralidad (o no) del suicidio, y mucho más. Otros autores estoicos, tanto antiguos como modernos, complementarán de vez en cuando lo que aprendamos de Epicteto, y en algunos casos argumentaré amablemente en contra de algunas de las nociones de nuestro guía, aportando los avances en ciencia y filosofía de los siglos que nos separan y discutiendo sobre lo que debería ser una visión moderna del estoicismo. El objetivo es aprender algo sobre cómo responder a la pregunta más fundamental: ¿cómo debemos vivir nuestra vida?

2

Un mapa para el viaje

En definitiva, ¿cuál es la meta de la virtud si no es una vida que fluye con placidez?

EPICTETO, *Disertaciones*, I.4

Cuando viajo por algún lugar nuevo, me gusta llevar encima un mapa del territorio. Me da la seguridad de saber a dónde voy, a dónde no debería ir y un contexto para todas las cosas que experimentaré durante el periplo. Este capítulo es un mapa del contorno más amplio del estoicismo, así como un resumen de los principios fundamentales que estructuran el resto del libro, de manera que se pueda aprovechar al máximo esta experiencia. Estoy convencido de que resulta muy difícil apreciar una filosofía o una religión (o, en realidad, cualquier idea compleja) sin comprender la senda de su desarrollo, que con frecuencia no es lineal, y por eso vamos a empezar por detenernos con algo más de atención en la historia de la filosofía que estamos a punto de explorar y que es posible que usted decida aplicar a su vida.

Tal y como nos cuenta Diógenes Laercio en su *Vidas, opiniones y sentencias de los filósofos más ilustres*, el estoicismo se inició en Atenas, Grecia, alrededor del año 300 a.C. Zenón, un mercader fenicio nativo de Citio (en la Chipre actual) al que, según se nos asegura, le gustaba comer higos verdes y tumbarse al sol, se interesó por la filosofía después de naufragar durante un viaje de Fenicia a El Pireo con un cargamento de púrpura.[1] Se acercó hasta Atenas y se sentó en la tienda de un vendedor de libros; en aquel momento era un hombre de unos treinta años. A medida que leía el libro segundo de las *Memorables* de Jenofonte, se sintió tan complacido que preguntó dónde podía encontrar hombres como Sócrates. En ese momento pasaba por allí Crates (un filósofo cínico), y el librero lo señaló y le dijo: «Sigue a ese hombre».

Zenón siguió a Crates y se convirtió en su alumno. Una de las primeras cosas que aprendió de su nuevo maestro fue la práctica de no sentirse avergonzado de aquellas cosas de las que no hay por qué avergonzarse. Crates tuvo a Zenón acompañándolo con una olla llena de sopa de lentejas. Entonces Crates rompió la olla y Zenón huyó avergonzado, con su maestro gritándole a sus espaldas, delante de una multitud: «¿Por qué corres, mi pequeño fenicio? No te ha ocurrido nada terrible». Zenón estudió con Crates y otros filósofos durante muchos años, antes de tener la confianza suficiente para abrir su propia escuela. Aunque inicialmente sus seguidores recibieron el nombre, muy previsible, de zenonianos, al final se los empezó a llamar «estoicos» porque se reunían bajo la Stoa Poikilé, o pórtico pintado, un lugar público en el centro de la ciudad. Cualquiera podía acercarse a escuchar las disertaciones de Zenón sobre una serie de temas, desde la naturaleza humana al deber, la ley, la educación, la poesía, la retórica y la ética, entre otros. (Sabemos todo esto porque, aunque han sobrevivido muy pocos escritos de Zenón, Diógenes Laercio da la lista de los títulos de sus libros.) Zenón murió a una edad muy avanzada (una fuente indica que tenía noventa y ocho años), ya fuera por una caída o que, al reconocer que sufría muchos dolores y ya no le podía ser útil a la sociedad, se suicidó por inanición.

Tras Cleantes, discípulo de Zenón y el segundo maestro de la Stoa, llegó otra de las figuras centrales en la historia de nuestro movimiento filosófico: Crisipo de Solos, que fue corredor de larga distancia antes de dedicarse a la filosofía.[2] Escribió muchos libros sobre todo tipo de temas (Diógenes Laercio menciona la increíble cifra de 705) y, lo que es más importante, introdujo un gran número de ideas nuevas, de hecho fueron tantas que los antiguos solían decir que «para Crisipo no hubo ningún Pórtico».[3]

Por supuesto, el estoicismo no surgió de la nada. Los primeros estoicos estaban muy influidos por las escuelas filosóficas y los pensadores previos, en especial por Sócrates y por los cínicos, pero también por los académicos (los seguidores de Platón) (véase el apéndice para más información sobre estas diferentes escuelas de pensamiento). Pasaron una cantidad significativa de tiempo discutiendo con sus rivales en debates muy enconados, en especial con los académicos, los peripatéticos (los seguidores de Aristóteles) y por descontado los epicúreos. Epicteto, por ejemplo, dedicó tres capítulos enteros de las *Disertaciones* a rebatir a Epicuro. Cada una de estas escuelas era «eudaimónica», es decir, su objetivo era definir la mejor manera de vivir una vida humana. Algunos destacaban la virtud (los peripatéticos, los cínicos y los estoicos) y otros el placer (los epicúreos), mientras que unos terceros estaban más interesados en la metafísica (los académicos) o en los límites del conocimiento humano (los escépticos). No obstante, todos perseguían una misma meta: una existencia floreciente.

La situación siguió así durante algún tiempo hasta que en el año 155 a.C. ocurrió algo muy importante en la filosofía antigua:[4] los dirigentes de la Stoa (Diógenes de Babilonia), la Academia (fundada por Platón) y la escuela peripatética fueron escogidos como embajadores para representar a Atenas en las negociaciones políticas con Roma. Los filósofos acudieron a la capital de la República para abogar por la reducción de una multa que tres años antes se había impuesto a Atenas por el saqueo de Oropo, una pequeña ciudad griega bajo la protección romana. La visita de los atenienses tuvo un gran impacto cultural, mucho más allá de su importancia diplomática: los filósofos ofrecieron en la capital conferencias llenas de contenido que sorprendieron a la clase dirigente romana, que era bastante conservadora, y por primera vez prendió entre los romanos el interés por la filosofía.

Más tarde, durante los años 88-86 a.C., dos filósofos, el peripatético Ateneo y el epicúreo Aristión, ocuparon sucesivamente el poder supremo en Atenas durante un período muy breve. (Imagínenselo: ¡un filósofo convertido en dictador!) No obstante, cometieron el error estratégico fatal de ponerse del lado del rey Mitrídates contra los romanos, una alianza que acabó provocando el saqueo de Atenas. El episodio marcó el final de la ciudad venerable como capital filosófica del mundo antiguo, porque los grandes exponentes de todas las escuelas se mudaron a lugares más tranquilos, entre ellos Rodas, Alejandría y en especial la propia Roma. Se trató de un momento crucial en la historia de la filosofía occidental.

Este segundo período, de transición, en la historia estoica se conoce como la «Stoa media». El gran orador romano Cicerón, que simpatizaba con las ideas estoicas, es una de las fuentes principales para la Stoa inicial y media. Al final, la República romana —tras la muerte de Julio César y el ascenso al poder de Octavio Augusto— dio paso al Imperio. El estoicismo se desarrolló durante esta época como una de las grandes escuelas, conocida como la «Stoa tardía». En ella estuvieron activos todos los estoicos famosos cuyas obras nos han llegado en una cantidad apreciable: Cayo Musonio Rufo (el maestro de Epicteto), Séneca (el consejero del emperador Nerón), el propio Epicteto y el emperador-filósofo Marco Aurelio.

Cuando el emperador Constantino legalizó el cristianismo en 312 d.C., el estoicismo se encontraba en decadencia, al igual que toda una serie de escuelas de pensamiento. Al final, el emperador bizantino Justiniano cerró la Academia en 529 d.C., terminando de golpe con la antigua tradición filosófica grecorromana. No obstante, la idea del estoicismo sobrevivió en los escritos de muchos personajes históricos que recibieron su influencia (incluidos los que a veces se mostraron críticos con ella), entre ellos algunos de los primeros Padres de la Iglesia, Agustín, Boecio, Tomás de Aquino, Giordano Bruno, Tomás Moro, Erasmo, Montaigne, Francis Bacon, Descartes, Montesquieu y Spinoza. El existencialismo moderno e incluso la teología protestante neoortodoxa han recibido la influencia del estoicismo. En el siglo XX, el estoicismo experimentó un renacimiento después de la segunda guerra mundial, cuando, como hemos visto, inspiró la logoterapia de Viktor Frankl, la terapia racional emotiva conductual de Albert Ellis y la amplia familia de terapias cognitivas conductuales.

Aunque el estoicismo se definió desde el principio como una filosofía muy práctica, no sería una «filosofía» si no se basara en algún tipo de marco teórico. Dicho marco es la idea de que para vivir una vida buena (en el sentido de eudaimónica) se deben comprender dos cosas: la naturaleza del mundo (y por extensión, el lugar de uno mismo en él) y la naturaleza del razonamiento humano (incluyendo cuando fracasa, como ocurre con tanta frecuencia).

Un alumno antiguo del estoicismo probablemente habría intentado alcanzar esta meta mediante el estudio de la física, la lógica y la ética, aunque cada uno de estos conceptos tiene un sentido ligeramente diferente del actual. La «física» estoica era el estudio de cómo funciona el mundo e incluía lo que en la actualidad llamamos ciencias naturales, junto con la metafísica (que ahora es una rama de la filosofía) e incluso la teología. (Los estoicos creían en Dios, aunque se trataba de un Dios material inmanente en el cosmos.) La «lógica» estoica incluía lo que en la actualidad designamos con dicho nombre, es decir, el estudio del razonamiento formal, al que los antiguos estoicos realizaron contribuciones fundamentales. Pero también se ocupaba de la epistemología moderna (es decir, una teoría del conocimiento), de la retórica (el estudio de la mejor manera de transmitir las ideas propias a los demás) y de la psicología (en especial una comprensión de cómo funciona la mente humana y cómo y cuándo no consigue razonar de la manera apropiada).

Los estoicos no estudiaban física y lógica por ellas mismas. Como Sócrates antes que ellos —y a diferencia de toda una serie de filósofos de aquella época y posteriores—, no estaban interesados en la teoría por la propia teoría. Si la filosofía no era útil para la vida humana, entonces no tenía ninguna utilidad en absoluto. Pero ¿exactamente de qué manera se conectaban la física y la lógica con el objetivo de vivir una buena vida, que era realmente el objeto de estudio de la ética estoica? En primer lugar resulta muy esclarecedor analizar de dónde proceden nuestras palabras «ética» y «moralidad». «Ética» deriva del griego *êthos*, una palabra relacionada con nuestra idea de carácter; «moralidad» procede del latín *moralis*, que tenía que ver con hábitos y costumbres. ¡En realidad, *moralis* es como Cicerón tradujo la palabra griega *êthos*! Así que la idea básica es que un buen carácter no se puede desarrollar adecuadamente y no se pueden practicar buenos hábitos sin la comprensión de los dos campos de la investigación.

Los estoicos utilizaron muchas metáforas para explicar sus ideas. Una de las más incisivas es la de un jardín, planteada por Crisipo, quien decía que los frutos del jardín representan la ética. Para conseguir buenos frutos debemos alimentar las plantas con los mejores nutrientes: el suelo del jardín es, en consecuencia, la física, que nos proporciona la comprensión del mundo en el que vivimos. Más aún, nuestro «jardín» se tiene que vallar para protegerlo de influencias indeseadas y destructivas, o lo invadirán las malas hierbas y no crecerá nada que sea de provecho: la valla es la lógica, que mantiene alejados los malos razonamientos.

Nuestro amigo Epicteto desarrolló su propio punto de vista altamente original de las razones por las que son importantes las tres áreas de estudio estoicas:

Existen tres departamentos en los que se debe formar un hombre que quiera ser bueno y noble. El primero se centra en la voluntad de conseguir y en la voluntad de evitar; se debe formar para no fracasar en el logro de lo que desea conseguir ni fracasar en lo que desea evitar. El segundo concierne al impulso de actuar y de no actuar, y, en una palabra, la esfera de lo que es correcto: debemos actuar con orden, con la debida consideración y con el cuidado adecuado. El objeto del tercero es que no debemos engañarnos y no debemos juzgar a la ligera, y en general se ocupa del consentimiento.[5]

Con frecuencia, estos tres aspectos se consideran las tres disciplinas estoicas: deseo, acción y aprobación. Están directamente relacionadas con los tres campos de estudio —así como con las cuatro virtudes (que se analizan en detalle más adelante)— de la siguiente manera:

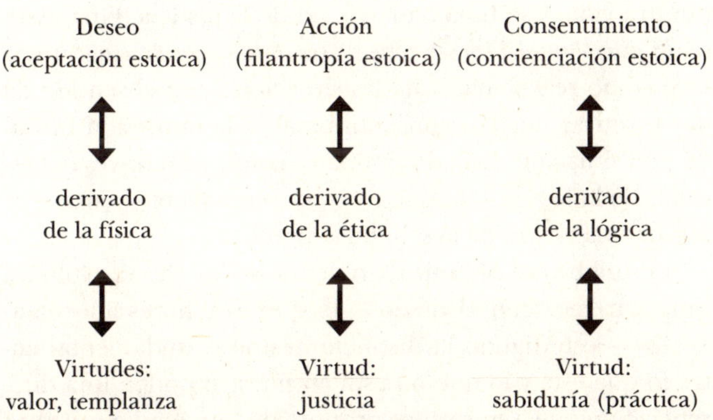

FIG. 2.1. Las relaciones entre las tres disciplinas estoicas (deseo, acción y aprobación), los tres campos de investigación (física, ética y lógica) y las cuatro virtudes cardinales (valor, templanza, justicia y sabiduría práctica).[6]

Este diagrama resume gran parte del pensamiento estoico, y dominarlo es un camino excelente para comprender lo que buscaban los estoicos. La *disciplina del deseo* (que también recibe el nombre de *aceptación estoica*) nos dice qué es y qué no es adecuado desear. Esto, a su vez, deriva del hecho de que algunas cosas están en nuestro poder y otras no. Podemos apreciar esta diferencia crucial a partir de nuestra comprensión de cómo funciona el mundo, porque solo las personas que no están formadas en física cometen el error de pensar que pueden controlar más de lo que en realidad son capaces (es decir, se dejan llevar por las ilusiones). Dos de las cuatro virtudes estoicas son adecuadas para regular el deseo: el valor (enfrentarse a los hechos y actuar en consecuencia) y la templanza (refrenar nuestros deseos y conseguir que se limiten en función de lo que se puede conseguir). La *disciplina de la acción* (conocida también como *filantropía estoica*, en el sentido de preocupación por los demás) nos dice cómo debemos comportarnos en el mundo. Es el resultado de una comprensión adecuada de la ética, el estudio de cómo vivir nuestra vida, y se basa en la virtud de la justicia. Finalmente, *la disciplina del consentimiento* (o *concienciación estoica*) nos dice cómo reaccionar ante las situaciones, en el sentido de dar o retirar nuestro consentimiento a la impresión inicial de una situación. Esta disciplina se consigue a través del estudio de la lógica —lo que es o no es razonable pensar— y requiere la virtud de la sabiduría práctica.

Este libro se organiza alrededor de las tres disciplinas. Empezaremos con el deseo —lo que es y no es adecuado desear— estudiando la distinción estoica fundamental entre lo que está y lo que no está en nuestro poder, una diferenciación que a su vez nos proporciona un marco útil para guiarnos en todas las grandes decisiones de la vida. Llegaremos a entender por qué los estoicos dicen que deberíamos «seguir a la naturaleza», es decir, comprender la naturaleza humana y nuestro lugar en el cosmos; jugar a la pelota (hablando metafóricamente) con Sócrates para fortalecer nuestra buena vida al situar los bienes externos (salud, riqueza, educación), o su falta, en la perspectiva adecuada; y examinaremos la perspectiva estoica sobre Dios y el propósito en el universo.

La segunda parte del libro se centra en la exploración de la disciplina de la acción, o cómo comportarse en el mundo. Veremos por qué los estoicos pensaban que el carácter es lo más importante, sin importar nuestras circunstancias; por qué sostenían que las personas realmente no hacían el mal, sino que sencillamente tenían puntos de vista equivocados sobre el mundo que a veces las conducían a realizar actos terribles; por qué consideraban que los modelos eran esenciales para nuestra educación e inspiración, y cómo escoger los mejores; y cómo los estoicos pueden ayudar a las personas en cualquier situación comprometida, incluida la discapacidad física grave y la enfermedad mental.

La tercera sección se ocupará de la disciplina del consentimiento, o cómo reaccionar de la mejor manera ante las situaciones. Esta disciplina entra en juego con una amplia variedad de problemas cotidianos, como la ira, la ansiedad y la soledad, pero también con aspectos positivos de nuestra vida, como la amistad y el amor. Veremos cómo los estoicos se preparaban para la despedida inevitable al final de la vida y exploraremos su pensamiento sofisticado y cambiante sobre el tema delicado del suicidio. Finalmente, guiaré al lector a través de doce ejercicios espirituales seleccionados para que pueda iniciar su camino para convertirse en un buen alumno del estoicismo y en la mejor persona que pueda llegar a ser.

Parte I

LA DISCIPLINA DEL DESEO: LO QUE ES O NO ES ADECUADO DESEAR

3

Algunas cosas están en nuestro poder, otras no

> Debemos hacer lo mejor con las cosas que están en nuestro poder, y tomar el resto como las presenta la naturaleza.
>
> EPICTETO, *Disertaciones*, I.1

Yo llegué a Estados Unidos en el año 1990. Conocía muy poco de la cultura americana —solo lo que había podido vislumbrar al crecer viendo las películas de Hollywood y las series de televisión dobladas al italiano— y un amigo íntimo me sugirió que podía iniciar mi educación informal leyendo una novela corta de Kurt Vonnegut.

Matadero Cinco, publicada en 1969, es una obra extraña. El protagonista, Billy Pilgrim, es abducido por una raza alienígena conocida como los tralfamadorianos (o eso es lo que cree), que lo encierran en un zoológico junto con otra terrestre capturada, la estrella del porno Montana Wildhack. Los tralfamadorianos son capaces de moverse en cuatro dimensiones —las tres habituales en el espacio, más el tiempo— y así pueden visitar cualquier momento de sus vidas cuando lo desean. Billy aprende esta habilidad de sus captores y la utiliza para narrar momentos cruciales de su vida, incluido el controvertido bombardeo aliado contra Dresde casi al final de la segunda guerra mundial.

Mientras leía *Matadero Cinco* tropecé por primera vez con estas palabras, que estaban enmarcadas en la sala de optometría de Billy en la Tierra y también estaban inscritas en un medallón que lucía Montana:

> Señor, concédeme serenidad para aceptar todo aquello que
> no puedo cambiar,
> fortaleza para cambiar lo que soy capaz de cambiar,
> y sabiduría para entender la diferencia.

Se trata, por supuesto, de la Plegaria de la Serenidad, que resume la búsqueda de nuestro héroe a lo largo del libro: Billy ansía la serenidad y cree que puede conseguirla al reconocer que el pasado no se puede cambiar y que solo puede influir en el aquí y ahora. Este reconocimiento requiere valor, no del que se necesita en la batalla, sino el más sutil y razonablemente más importante que se necesita para vivir la vida de la mejor manera posible.

La plegaria en su forma moderna se atribuye a Reinhold Niebuhr, un teólogo americano que la utilizó en sus sermones a principios de 1934. En la actualidad es muy popular porque se utiliza en las reuniones de Alcohólicos Anónimos y de toda una serie de organizaciones que emplean el método de los doce pasos. No obstante, el mismo sentimiento se puede detectar a través de los siglos y de las culturas. Salomón ibn Gabirol,* un filósofo judío del siglo XI, lo expresó de la siguiente forma: «Y ellos dicen: a la cabeza de todo entendimiento está conocer lo que puede y no puede ser, y el consuelo de lo que no está en nuestro poder cambiar».[1] Shantideva, un erudito budista del siglo VIII, escribió en el mismo sentido: «Si existe un remedio cuando nos golpean los problemas, / ¿qué razón hay para el abatimiento? / Y si no tiene remedio, / ¿qué utilidad tiene abatirse?».[2]

* También conocido como Avicebrón. *(N. del T.)*

Pero existe una versión aún más antigua: «Haz el mejor uso posible de lo que está en tu poder, y toma el resto como acontezca. Algunas cosas dependen de ti y algunas cosas no dependen de ti. Nuestras opiniones dependen de nosotros, y nuestros impulsos, deseos, aversiones, en definitiva, todo lo que dependa de nuestras actuaciones. El cuerpo no depende de nosotros, ni nuestras posesiones ni la reputación o los cargos públicos o todo lo que no dependa de nuestros actos».[3] Esto se encuentra en el *Enquiridión* (o *Manual*) de Epicteto, justo al principio. Como esta idea es el fundamento de la enseñanza de Epicteto y crucial para todo el sistema de la filosofía estoica que se remonta a Zenón, empezamos nuestra exploración del estoicismo analizándola en detalle.

El paralelismo entre estas enseñanzas indica que la influencia de la sabiduría estoica ha sido amplia, aunque con frecuencia anónima, durante muchos siglos. Más aún, algunos de los conceptos clave del estoicismo se encuentran en otras tradiciones filosóficas y religiosas, incluidos el judaísmo, el cristianismo, el budismo y el taoísmo. Algunos de estos paralelismos son el resultado de una influencia recíproca directa o indirecta, y otros representan la convergencia independiente de mentes sabias que han reflexionado sobre la condición humana. Aunque este libro se ocupa primariamente del estoicismo, nos vamos a encontrar continuamente con ideas que han sido propuestas, redescubiertas y validadas a través de la práctica por personas que han vivido en épocas y culturas muy diferentes. Como se trata de ideas que en realidad han superado la prueba del tiempo, seremos sabios si las adoptamos en nuestra vida.

Un día, no hace demasiado tiempo, después de acabar de releer la novela de Vonnegut, paseaba por el Foro romano y reflexionaba sobre las palabras de mi sabio amigo Epicteto cuando se me ocurrió que había un problema: al mismo tiempo estaba concediendo demasiado y demasiado poco. Epicteto afirma que nuestras opiniones, impulsos, deseos y aversiones «dependen de nosotros» y la situación de nuestro cuerpo, posesiones y reputación, y los cargos públicos que ostentamos «no» dependen de nosotros. Eso no puede ser cierto, le dije. Por un lado, mis opiniones están influidas por otras personas a través de lo que leo, o escucho, o discuto. En cuanto a mis impulsos, deseos y aversiones, muchos de ellos me parece que surgen de manera natural e instintiva, y lo único que tengo a mano es una especie de poder de veto cuando se trata de ponerlos en acción. (Para confirmar mis pensamientos, me distraje en ese preciso instante con un helado de aspecto impresionante en el escaparate de una tienda, pero no lo necesitaba y no iba a hacerle ningún bien a mi cintura, así que refrené el impulso de conseguirlo.) Por otro lado, desde luego me puedo ocupar del cuerpo, por ejemplo, acudiendo al gimnasio y comiendo alimentos saludables; puedo decidir qué adquiero, dentro de mis límites financieros; y mi reputación también es algo en lo que puedo trabajar, con colegas, estudiantes, amigos y familiares. Más aún, aunque no ocupo ningún cargo público, desde luego la decisión será mía si quiero conseguir uno, porque dedicaría mis esfuerzos a presentarme como candidato y trabajaría en una campaña para conseguir votos.

En medio de explicarle todo esto a mi maestro estoico me di cuenta de repente de que mi engreimiento del siglo XXI se había apoderado de mí. Por supuesto que Epicteto sabía todo esto. No era un diletante intelectual. Debía querer decir algo diferente del significado literal de sus palabras. No sé por qué me sorprendió, porque todos los textos se tienen que interpretar en función de la información del contexto. Se necesita una guía que proporcione una parte del contexto y afortunadamente tenía a mi disposición la mejor durante mi paseo por el Foro. Le pregunté: «¿Qué sentido le das a mi objeción?». La respuesta de Epicteto llegó, como lo hace con frecuencia, a través de una analogía: «Actuamos como si estuviéramos de viaje. ¿Qué puedo hacer? Puedo escoger al timonel, a los marineros, el día, el momento. Pero entonces se levanta una tormenta. ¿De qué me preocupo? Yo he cumplido con mi tarea: ahora debe actuar otro, el timonel. Si el tiempo es malo para navegar, nos quedamos sentados desconcertados, miramos continuamente y preguntamos: "¿Qué viento sopla?". "El viento del norte." ¿Qué podemos hacer con él? "¿Cuándo soplará el viento del oeste?" Cuando quiera hacerlo, buen señor».[4]

Queda claro con el ejemplo de Epicteto que la llamada dicotomía estoica del control —algunas cosas dependen de uno, otras cosas no— es en realidad un reconocimiento de los tres niveles de influencia que ejercemos sobre el mundo. Para empezar, realizamos ciertas elecciones, seleccionamos algunos objetivos (el viaje por mar) y lo que nos parece que son los mejores medios para alcanzarlos (los marineros experimentados). A continuación debemos reconocer que del hecho de haber realizado una elección no se sigue mecánicamente que podamos poner en práctica un curso de acción determinado. El timonel elegido, por ejemplo, se puede poner enfermo el día indicado, o sus servicios pueden ser demasiado caros para nosotros. Finalmente, algunos factores están totalmente fuera de nuestro control y ni siquiera podemos influir en ellos, como la dirección y la intensidad de los vientos.

En realidad experimenté un caso bastante concreto de la analogía de Epicteto mientras escribía este libro. Con uno de mis hermanos, volaba de Roma a Londres para participar en un festival de música y filosofía. Gran parte del viaje estaba bajo nuestro control: la aceptación de acudir y no poner objeciones a la línea aérea escogida por los organizadores (que proporcionaban un avión y un «timonel» específicos). Lo que estaba completamente fuera de nuestro control era lo que ocurrió cuando estábamos a punto de aterrizar en el aeropuerto de Gatwick. Estábamos lo suficientemente cerca del suelo para ver claramente la pista de aterrizaje cuando de repente los poderosos motores del avión empezaron a rugir y sentimos una fuerte aceleración: el Airbus había detenido abruptamente el descenso y estaba ganando altitud con rapidez. Esto no era una buena señal, pero el piloto mantuvo la calma. Activó el sistema de altavoces y nos explicó que a causa de «problemas de tráfico» íbamos a dar una vuelta e iniciar de nuevo el procedimiento de aterrizaje. Resultó que eso era un eufemismo por «casi aterrizamos encima de un avión que se encontraba aún en la pista que se suponía que debíamos utilizar», sin que, según parecía, la torre de control se hubiera dado cuenta. Solo los buenos reflejos del piloto y los poderosos motores del Airbus nos habían salvado la vida, y, obviamente, eran factores en los que no podíamos influir de ninguna manera. Llegué a saber lo que estaba ocurriendo porque mi vecino, sentado junto a la ventanilla, me explicó en tiempo real lo que sucedía. Sin embargo, me sentí extrañamente tranquilo a lo largo de todo el incidente. Me había preguntado con frecuencia cuándo iba a ocurrir algo peligroso durante mis viajes. «Cuando quiera hacerlo, buen señor.» De nuevo, el viejo filósofo tenía razón.

Uno de los argumentos principales de Epicteto es que tenemos una extraña tendencia a preocuparnos y a concentrar nuestras energías precisamente en aquellas cosas que no podemos controlar. En cambio, los estoicos afirman que deberíamos prestar atención a los parámetros en la ecuación de la vida que verdaderamente controlamos o en los que podemos influir: asegurándonos de que hemos embarcado en un viaje que realmente queremos realizar y por muy buenas razones; pasando algún tiempo buscando la mejor tripulación (línea aérea) para nuestro barco (avión), y realizando los preparativos relacionados con esto. En consecuencia, una de las primeras lecciones de los estoicos consiste en concentrar nuestra atención y nuestros esfuerzos en lo que tenemos mayor poder y después dejar que el universo siga su propio camino. Esto nos ahorrará un montón de energía y un montón de preocupaciones.

Otra metáfora estoica, planteada por Cicerón, nos puede ayudar a ilustrar esta idea. Consideremos a un arquero que intenta dar en el blanco. Cicerón explica que el arquero tiene una serie de factores bajo su control:[5] ha tomado la decisión de la frecuencia e intensidad de los entrenamientos, ha elegido el arco y una flecha en función de la distancia y el tipo de blanco, ha apuntado lo mejor que ha sido capaz y ha escogido el momento preciso en el que debía soltar la flecha. En otras palabras, si ha sido un arquero consciente, lo ha hecho lo mejor que ha sabido hasta que la flecha ha abandonado el arco. Ahora la cuestión es: ¿la flecha dará en el blanco? Está claro que eso no depende de él.

Al fin y al cabo, una racha repentina de viento puede alterar el vuelo de la flecha, que puede fallar completamente el blanco. O algo puede interponerse de manera inesperada entre el arquero y el blanco, por ejemplo un carruaje que pase en ese momento. Finalmente, el propio blanco se puede apartar para evitar el arma voladora, en especial si el blanco es un soldado enemigo. Por eso Cicerón concluía que «acertar en el blanco se puede escoger, pero no se puede desear», una afirmación en apariencia superficial cuyo significado debería estar bastante claro en este momento: el arquero estoico ha decidido conscientemente *intentar* acertar en el blanco y ha hecho todo lo que está en su poder para lograr su objetivo. Pero también está dispuesto a aceptar con ecuanimidad la posibilidad de un resultado negativo porque el resultado no estuvo nunca enteramente bajo su control. Otras variables han entrado en juego, como ocurre en casi todo lo que decidimos emprender.

Fue en este punto de nuestra conversación cuando me di cuenta de que lo que Epicteto me estaba explicando tenía innumerables aplicaciones en mi vida. Consideremos, por ejemplo, el grado de «control» que tenemos sobre nuestro cuerpo. Desde que era pequeño he tenido que luchar contra mi peso. Fui un niño gordito y, como era de esperar, objeto de burlas en la escuela. Después me convertí en un adolescente bastante inseguro, en especial cuando se trataba de las relaciones personales, y muy concretamente con las chicas. He mejorado con el tiempo, pero el problema del peso me sigue acompañando y siempre me acompañará. Pero en esto la perspectiva estoica es de gran ayuda. Para empezar, yo no tengo ningún control sobre mi constitución genética (el resultado de un encuentro al azar de uno de los espermatozoides de mi padre con uno de los óvulos de mi madre) ni, lo que resulta igual de importante, del entorno en el que crecí. Comía todo lo que me daban mis abuelos (que son los que me criaron) con las cantidades y la frecuencia que consideraron adecuadas. Como biólogo especializado precisamente en el estudio de la naturaleza frente a la nutrición, no puedo dejar de destacar hasta qué punto nuestros hábitos están condicionados por la interacción más temprana entre nuestros genes y el entorno de nuestra infancia y juventud.

Pero esta no es una razón para caer en el fatalismo ni la impotencia. Una parte crucial del crecimiento y la maduración como adulto es aumentar el control sobre nuestra vida, incluida la decisión sobre qué comer y en qué cantidades, si hacemos ejercicio y con qué intensidad, y otros muchos aspectos. Por eso, probablemente más tarde de lo que habría sido deseable pero aun así con determinación, hace más de quince años empecé con el ejercicio moderado para mantener el tono muscular y la capacidad aeróbica. Aproximadamente al mismo tiempo también empecé a leer sobre las bases de la nutrición, a prestar atención a las etiquetas de los alimentos y, en general, a intentar comer bien y con moderación. Probablemente recaía en aquellos hábitos con mayor frecuencia de la que me gustaría admitir, pero los resultados han sido claramente positivos: estoy más sano y tengo mejor aspecto, lo que a su vez me ayuda a sentirme psicológicamente mejor. Pero aún no tengo —y no tendré nunca— el tipo de cuerpo delgado y musculoso que para otras personas es un don natural, o que son capaces de conseguir a través de grandes esfuerzos (facilitado por su genética y su desarrollo más temprano, por supuesto). Esto solía ser para mí un problema irritante y una fuente de frustración. Ahora ya no. Ahora he interiorizado la actitud estoica de que tengo control sobre algunas cosas (lo que como, si hago ejercicio), pero no sobre otras (mis genes, mis primeras experiencias y una serie de factores externos, incluida la eficacia de mi régimen de ejercicios). Por eso el resultado —el cuerpo que tengo, el grado de salud que disfruto— se tiene que aceptar con ecuanimidad; se «elige, pero no se desea», como afirma Cicerón. Me siento satisfecho sabiendo que, sin importar el resultado real, estoy haciendo todo lo que puedo.

La dicotomía estoica del control se aplica a lo largo de toda la vida. Supongamos que usted está pendiente de una promoción en el trabajo. Cree que sería razonable que lo consiguiera, teniendo en cuenta los años que lleva en la empresa, la calidad de sus evaluaciones y las buenas relaciones con sus compañeros y jefes. Supongamos que mañana sabrá si lo ha conseguido o no. Al adoptar el punto de vista estoico podrá disfrutar de una noche de buen sueño y estar preparado por la mañana para enfrentarse a cualquiera que sea el resultado que le espera, sin resignación pero con confianza. No obstante, su confianza no reside en el resultado, porque eso se encuentra fuera de su control. El resultado depende de demasiadas variables, entre ellas la política interna de la empresa, las simpatías personales (o no) de su jefe hacia usted y la competencia que puedan representar sus compañeros. No, su confianza reside en saber que ha hecho todo lo que estaba en su poder, porque *eso*, y solo eso, está bajo su control. El universo no se inclina ante sus deseos, sino que hace lo que hace; su jefe, sus compañeros, los accionistas de la empresa, los clientes y una serie de factores adicionales forman parte del universo, así que ¿por qué iba a esperar que cumplieran con su deseo?

O imagine que es el padre o la madre de una hija adolescente que de repente se ha rebelado contra usted, a pesar de una infancia feliz y de lo que usted creía que era una relación maravillosa. La reacción normal podría ser el arrepentimiento por no haber hecho todo lo posible cuando su hija era más pequeña, a pesar del hecho de que realmente no se le ocurre qué más podría haber hecho. También se siente impotente para controlar la situación y frustrado porque su hija antes era feliz y ahora ya no le hace caso, e incluso parece que (al menos de momento) lo desprecia. Epicteto nos explica que el arrepentimiento es una pérdida de nuestra energía emocional. No podemos cambiar el pasado porque está fuera de nuestro control. Podemos, y debemos, aprender de él, pero las únicas situaciones sobre las que podemos actuar son las que están ocurriendo aquí y ahora. La actitud correcta consiste en obtener consuelo del conocimiento de que hizo todo lo mejor para criar a su hija y de hecho aún está haciendo cuanto puede para ayudarle a atravesar este momento difícil de su vida. Tenga o no éxito, su aceptación sensata del resultado será lo mejor.

Tenga en cuenta que no aconsejo la resignación. El estoicismo se malinterpreta con demasiada frecuencia como una filosofía pasiva, pero la resignación va precisamente no solo contra lo que los propios estoicos decían sino también, y esto es lo más importante, contra lo que practicaban. Los estoicos que conocemos eran maestros, políticos, generales y emperadores, es decir, el tipo de personas que difícilmente hubieran podido caer en un letargo fatalista. Más bien eran lo bastante sabios como para plantear la distinción entre sus objetivos internos, sobre los que tenían control, y los resultados externos, sobre los que podían influir pero no controlar. Como afirma la Plegaria de la Serenidad, conocer esta diferencia es el sello distintivo de la persona madura y sabia.

También tengo en mente otra famosa historia sobre la ecuanimidad estoica cuando me encuentro en circunstancias difíciles, que, por suerte para mí, son probablemente mucho menos importantes que las que afronta el protagonista de la historia. Paconio Agripino fue un estoico del siglo I cuyo padre había ido ejecutado por el emperador Tiberio, supuestamente por traición. En el año 67 d.C., Agripino se enfrentó a la misma acusación (lo más probable es que también fuera injustificada) por parte de otro emperador, Nerón. Epicteto cuenta lo siguiente: «Le trajeron noticias: "¡Tu juicio está en el Senado!". "Espero que tenga suerte, pero ha llegado la quinta hora" —esta era la hora en la que solía hacer sus ejercicios y tomar un baño frío—, "vayamos a realizar los ejercicios". Una vez realizados los ejercicios le dijeron: "Has sido condenado". "¿Exilio o muerte?", preguntó. "Exilio." "¿Y mis propiedades?" "No han sido confiscadas." "Bueno, entonces vayamos a Aricia y cenemos"».[6] La reacción de Agripino puede parecer arrogante, como si fuera el tipo de cosas que podría decir el héroe imperturbable en una película de Hollywood (quizá interpretado por Cary Grant o Harrison Ford), pero resulta poco probable que las dijera un ser humano real. Pero precisamente ese es el poder del estoicismo: la interiorización de la verdad básica de que podemos controlar nuestro comportamiento pero no sus consecuencias —y mucho menos las consecuencias del comportamiento de otras personas— lleva a la aceptación tranquila de lo que ocurra, con la seguridad de saber que hemos hecho todo lo posible teniendo en cuenta las circunstancias.

Por otro lado, un amigo de Agripino, el senador (y estoico) Publio Clodio Trasea Peto, también fue acusado por los aduladores de Nerón y no tuvo tanta suerte. Se le otorgó el *liberum mortis arbitrium*, la libre elección de la manera de morir, como lo expresaban eufemísticamente los romanos: se le ordenó que se suicidase. En consecuencia, se volvió hacia sus comensales durante la cena y con tranquilidad se excusó, se retiró al dormitorio e invitó al cuestor que había traído la orden del emperador a presenciar cómo se cortaba las venas. A continuación esperó la muerte mientras conversaba con su amigo Demetrio, un filósofo de la escuela rival de los cínicos, sobre la naturaleza del alma.

Agripino y Trasea eran evidentemente seres humanos excepcionales, y afortunadamente la mayoría de nosotros no vivimos bajo el gobierno de un tirano caprichoso, aunque por desgracia dichos líderes siguen siendo sorprendentemente habituales dos milenios después de Nerón. Lo que importa es la idea básica de la dicotomía del control y sus implicaciones. Si tomamos en serio esta idea, resulta que la mayor parte de las cosas no están realmente bajo nuestro control, desde temas pequeños e insignificantes hasta los verdaderamente importantes. La consecuencia lógica de esta comprensión —que también recibe el respaldo del budismo y de otras tradiciones filosóficas y religiosas— debería ser la práctica de no encariñarse con las cosas y las personas. Esta es una idea complicada y otra fuente de las malas interpretaciones habituales del estoicismo. Así es como me lo explicó Epicteto de una manera bastante franca (más tarde me di cuenta de que pretendía aturdirme por un momento para permitir que mi mente se abriera un poco y adoptara una noción que hasta entonces me había sido ajena):

> ¿Cuál es el entrenamiento adecuado para esto? En primer lugar, lo más importante y principal, que se encuentra en el umbral mismo por decirlo de manera llana, es que cuando te encariñas con una cosa, no con algo que no te pueden quitar sino con algo como una jarra para el agua o una copa de cristal, deberías tener en mente lo que es, para no sentirte afectado cuando se rompa. Lo mismo debería ocurrir con las personas; si besas a tu hijo, o a un hermano o a un amigo... debes recordar que amas a un mortal y que nada que ames es de tu propiedad; se te entrega durante ese momento, no para siempre ni indisolublemente, sino como un higo o un racimo de uvas en la estación adecuada del año, y si lo ansías durante el invierno, eres un loco. Así que, si sientes añoranzas por tu hijo o por un amigo, cuando no te es dado tenerlo, debes saber que añoras un higo en invierno.[7]

Deténgase durante un minuto y vuelva a leer el pasaje antes de continuar. Como la mayoría de las personas, estoy seguro de que puede estar de acuerdo con lo que dice Epicteto sobre el encariñamiento cuando se refiere a jarras y copas de cristal, porque con toda seguridad no hay ninguna necesidad de aferrarse a los objetos (¡aunque la mayoría de nosotros lo hacemos!). Al fin y al cabo, solo se trata de una copa (o de un iPhone) y no tiene demasiada importancia si se rompe, aunque se trate de una copa cara (no existe nada parecido a un iPhone barato). Pero muchos de nosotros retrocederemos horrorizados cuando el filósofo enfoca su discurso sobre un hijo, un hermano o un amigo. ¡Qué inhumano, podríamos decir, aconsejar a la gente que no se preocupe por sus seres queridos! ¿Qué tipo de sociópata podría establecer una analogía entre mi hermano y un higo, sea o no sea la temporada?

Pero, aun así, una vez tomado el tiempo para reflexionar sobre ello durante un momento, vi que Epicteto no me estaba aconsejando que no me preocupara por mis seres queridos y, más aún, que estaba diciendo algo cierto, aunque resulte difícil de digerir. El estoicismo se originó y desarrolló en una época de inestabilidad política; la vida de las personas podía cambiar radicalmente en un instante y la muerte le podía llegar a cualquiera, a cualquier edad. Incluso el emperador Marco Aurelio, que vivió en el apogeo del poder romano en el siglo siguiente al de Epicteto y recibió una fuerte influencia del filósofo griego, tuvo su cupo de desgracias. De sus trece hijos, solo un hijo y cuatro hijas sobrevivieron a su padre. Y se trataba de una familia que disponía de todas las comodidades materiales, la mejor comida y la atención médica de mayor calidad disponible en esa época. (El médico personal de Marco era Galeno, uno de los médicos más famosos de la Antigüedad.)

Más aún, como ya hemos visto, el propio Epicteto adoptó al hijo de un amigo, salvando al chico de lo que habría sido una muerte segura. Así que está claro que el filósofo sentía compasión por otras personas y se preocupaba por ellas, aunque no tuvieran una relación de consanguinidad. Lo que me estaba explicando Epicteto era que es mejor mirar a la cara a las realidades de la vida, con valor. Y que la realidad incluye el hecho de que nadie es inmortal, nadie es «nuestro» en el sentido de propiedad de él o ella. La comprensión de este hecho no es solo una manera de mantener la cordura cuando muere un ser querido, o un amigo estimado se va a otro país. (En aquella época el exilio era muy habitual, lo mismo que en la actualidad lo es la migración por motivos económicos o para escapar de la violencia y el caos.) Encarar esta realidad también nos recuerda que debemos disfrutar de la compañía y el amor de otros seres humanos cuanto sea posible mientras podemos, intentando con todas nuestras fuerzas no darlos por supuestos, porque la realidad es que un día nosotros y ellos nos habremos ido y la única «temporada» correcta para apreciarlos habrá pasado. Siempre vivimos *hic et nunc*: aquí y ahora.

El destino me dejó muy clara la verdad de esta realidad durante el verano pasado, cuando pasé tres días en Estambul a pesar del recelo de algunos miembros de mi familia, que me habían señalado que la ciudad fue el escenario de un terrible ataque terrorista solo unos días antes de llegar al país. Pero les repliqué —de manera correcta, como demostraron los hechos— que la probabilidad de otro ataque terrorista tan pronto después del anterior, en especial a causa del aumento predecible de la seguridad como consecuencia del mismo, representaba un riesgo lo suficientemente bajo y aceptable. No obstante, lo que no tuve en cuenta fue la posibilidad de un levantamiento político.

Una noche estaba cenando con unos pocos amigos en un maravilloso restaurante cretense en el distrito histórico de Estambul cuando me di cuenta de que, en una mesa vecina, una de las pocas que seguía ocupada tan tarde, todos estaban mirando intensamente sus teléfonos. Mi interpretación inmediata fue que estaba presenciando otro ejemplo de los efectos dañinos de la tecnología moderna: una preferencia por mirar Facebook en lugar de hablar con los compañeros de cena. Pero muy pronto quedó claro que no debería haber asumido (como dirían los estoicos) esa primera impresión, porque estos comensales estaban demasiado abstraídos y demasiado visiblemente preocupados para que dicha explicación fuera correcta. Al final resultó que estaban siguiendo las noticias porque en aquel momento se estaba produciendo un golpe de Estado. La reacción en nuestra mesa fue sorprendentemente tranquila porque terminamos el vino y seguimos charlando. Mis amigos turcos explicaron la historia de dichos acontecimientos en su país y describieron el gobierno cada vez más autoritario y fuertemente pro islámico del presidente Recep Tayyip Erdoğan.

Llegó un momento en que teníamos que decidir qué íbamos a hacer. Corrían rumores de que los militares habían cerrado todos los puentes; si era cierto, significaba que no había manera de cruzar de regreso a nuestro hotel en el centro de Estambul. Al final resultó que solo estaban cerrados los dos puentes del Bósforo, que conectan los lados asiático y europeo. Así que después de no encontrar un taxi, con cautela nos acercamos al puente a pie. Vimos coches de policía bloqueando algunas calles y curiosos deambulando sin rumbo fijo, preguntándose qué debían hacer. La buena noticia era que las redes sociales seguían funcionando (de hecho, nunca dejaron de hacerlo), así que pudimos tranquilizar a nuestras familias informándoles que estábamos bien, por el momento.

De hecho, la situación estaba inquietantemente tranquila; la gente pescaba desde el puente mientras fumaba cigarrillos, como cualquier otra noche. Sorprendidos, llegamos al hotel y nos retiramos a pasar la noche. Durante las horas siguientes oímos helicópteros y aviones de combate sobrevolándonos, acompañados en un momento dado por dos explosiones muy ruidosas que procedían de la cercana plaza Taksim. Pero cuando despertamos por la mañana, todo parecía casi normal, con gente en las calles (aunque no tanta como era habitual) y las cafeterías abiertas (aunque no demasiados museos). El aeropuerto aún no había reabierto, así que nos comportamos con discreción, paseando por el vecindario y leyendo y siguiendo las noticias hasta que nos dijeron que nuestro vuelo había sufrido un retraso pero que seguía programada su salida. Alrededor de medianoche nos dirigimos al aeropuerto para embarcarnos con dirección a París y después a Nueva York.

Aquí es cuando las cosas se pusieron un poco más feas. Cuando nos acercábamos en taxi al aeropuerto, las calles estaban bloqueadas por centenares de personas celebrando el fracaso del golpe, aunque todo el asunto había dejado miles de muertos o heridos, en su mayor parte en la capital, Ankara, y en algunas ciudades pequeñas repartidas por todo el país. Por regla general no suele ser una buena idea quedarse atrapado en el tráfico en medio de una muchedumbre enloquecida, en especial cuando no hablas la lengua del país. Y resulta aún menos imparcial cuando dicha multitud está formada en su mayor parte por hombres jóvenes exaltados por la sangre que se ha derramado en sus propias calles. Y, finalmente, no quieres por ningún motivo que el taxista le empiece a gritar a otro conductor a causa de su frustración por no poder seguir adelante. A pesar de todos estos peligros, llegamos a la terminal, facturamos y volamos sanos y salvos hacia Europa y después a Estados Unidos.

Para un estudiante del estoicismo, la experiencia fue sobre todo y en primer lugar un gran recordatorio del principio fundamental de este capítulo: pocas cosas están bajo nuestro control. Yo me repito este principio cada día e intento tenerlo constantemente en mente, pero no hay nada como un vuelco repentino del orden social para recordarlo a la fuerza. En segundo lugar, me sorprendió la tranquilidad con la que mis compañeros y yo nos comportamos durante esas veinticuatro horas en Estambul. Es verdad que no estuvimos nunca en un peligro físico claro, pero la situación era incierta y, en especial, una vez que oímos las explosiones y los aviones militares por encima de nuestras cabezas no hubiera sido descabellado sentir un poco de ansiedad. En tercer lugar, mientras atravesábamos en coche la bulliciosa muchedumbre hacia el aeropuerto, fui consciente de lo fácil que resulta manipular emocionalmente a las personas, jugando con sus temores y su rabia. Esto me reforzó la idea estoica de que nunca se debe dar cabida a ese tipo de emociones, sino que siempre se han de mantener controladas para permitir el desarrollo de actitudes más positivas, como, en este caso, intentar comprender racionalmente por qué los acontecimientos se estaban desarrollando de aquella manera y hacia dónde se dirigía el país como consecuencia de ellos. En Estambul, la práctica del estoicismo me sirvió muy bien bajo circunstancias nada habituales, reforzando la idea de que otras personas también se podían beneficiar de ella aunque no se encuentren en medio de un golpe de Estado.

4

Vivir de acuerdo con la naturaleza

> ¿Entonces resulta increíble nuestra afirmación de que la naturaleza del hombre es civilizada, cariñosa y digna de confianza?
>
> EPICTETO, *Disertaciones*, IV.1

Los estoicos eran famosos en la Antigüedad por la invención de un montón de palabras nuevas para explicar su filosofía a los demás y también por apreciar las frases concisas y breves para recordar sus principios básicos siempre que se presentaba la ocasión. Uno de dichos lemas, expresado en algunas de sus formas en una época tan temprana como la de Zenón de Citio, es que debemos vivir nuestra vida «de acuerdo con la naturaleza».

¿Qué?, le pregunté burlón a Epicteto. ¿Resulta que de repente el estoicismo se ha convertido en una especie de *new age* al que le gusta abrazarse a los árboles? No, me aseguró con calma: «No es tarea sencilla satisfacer la promesa del hombre. Porque, ¿qué es el Hombre? Un animal racional, sometido a la muerte. Por eso preguntamos: ¿de qué nos distingue el elemento racional? De los animales salvajes. ¿Y de qué más? De las ovejas y otros animales parecidos. Entonces ten en cuenta que no debes hacer nada parecido a un animal salvaje, porque destruyes al Hombre que hay en ti y fracasas en la satisfacción de su promesa».[1]

Que los seres humanos eran especiales en el mundo animal estaba perfectamente claro para los antiguos. Aristóteles, por ejemplo, como es bien sabido dijo que somos el animal racional, queriendo decir no que siempre nos comportemos de manera racional, porque incluso una observación casual demuestra que no es el caso, sino más bien que somos capaces de racionalidad. También creía que somos animales políticos, lo que no significa que nos ocupemos de campañas o discursos políticos (aunque desde luego también lo hacemos), sino que vivimos y, lo que es más importante, nos desarrollamos en una *polis*, una comunidad formada por otros seres humanos. Desde el punto de vista de Aristóteles de que somos por naturaleza tanto sociales como racionales, los estoicos derivaron la noción de que la vida humana consiste en la aplicación de la razón en la vida social. La diferencia entre Aristóteles y los estoicos puede parecer sutil, pero resulta crucial: Aristóteles creía que la contemplación es el propósito más elevado de la vida humana, porque nuestra función única en el mundo animal es nuestra capacidad de pensar. Como el lector puede imaginar, este propósito puede conducir a una existencia bastante aislada, así que los estoicos cambiaron el énfasis mucho más hacia lo social, argumentando en esencia que el propósito de la vida para los seres humanos es el uso de la razón para construir la mejor sociedad que humanamente es posible construir.

El problema en la actualidad es que la idea misma de una naturaleza humana se encuentra hasta cierto punto cuestionada. Tanto los científicos como los filósofos se sienten cada vez más incómodos con la idea y algunos la rechazan de plano como un vestigio de una visión del mundo provinciana. Sin embargo, yo creo que están seriamente equivocados al hacerlo.

Hasta mediados del siglo XIX, la gente en Occidente creía que los animales, incluidos los humanos, habían sido especialmente creados, uno a uno, por un Dios todopoderoso. Desde este punto de vista, no tenían demasiados problemas para aceptar lo que decía Aristóteles sobre el tema, reinterpretado a través del filtro de su religión particular: la humanidad es especial porque está creada a imagen de Dios y la ha creado con un propósito: llevar a cabo el plan de Dios para el universo al mismo tiempo que lo venera.

Entonces llegó Charles Darwin, quien en 1859 publicó *El origen de las especies.* Su colega Alfred Russel Wallace y él reunieron independientemente una gran cantidad de pruebas empíricas que cimentaban dos descubrimientos revolucionarios: el primero era que todas las especies de la Tierra están relacionadas con un ancestro común, como las personas en un árbol familiar, con hermanos y hermanas, primos, tíos y abuelos, remontándose hasta el origen de la vida; y el segundo era que la sorprendente variedad de formas de vida en la Tierra, tan exquisitamente adaptadas a sus diversas condiciones vitales, son el resultado de un proceso fundamental que llamaron «selección natural». Este proceso —que desde entonces ha sido estudiado y documentado tanto en la naturaleza como en el laboratorio— se ajusta a un algoritmo extraordinariamente sencillo. Para empezar, Darwin y Wallace señalaron que las poblaciones naturales de animales y plantas siempre reúnen un grado de variación en las características de los individuos que forman dichas poblaciones: algunos son más bajos, algunos más altos; algunos producen hojas más verdes, otros menos; algunos se caracterizan por un metabolismo rápido, otros por uno más lento; y así otras muchas facetas. En segundo lugar, con frecuencia se da el caso de que las distintas variantes de cualquier rasgo concreto son más o menos favorables en el entorno particular en el que vive el organismo. Así, por ejemplo, las hojas de una forma determinada son mejores para vivir en el desierto, donde hay mucha luz pero poca agua, mientras que hojas de una forma diferente están mejor adaptadas para vivir en el suelo de una selva tropical, donde el agua es abundante pero la luz es escasa. En otras palabras, estas características afectan a los dos aspectos realmente importantes —desde el punto de vista biológico— para cualquier ser vivo en el planeta: su supervivencia y, aún más importante, su capacidad para reproducirse. Finalmente, existe una correlación entre las características de los padres y de sus descendientes, porque algunos rasgos pasan de generación en generación. (Darwin no sabía cómo ocurría esto, aunque el principio básico había sido descubierto casi en la misma época por Gregor Mendel, cuyo trabajo no se valoró hasta 1900.)

Si combinamos estos tres elementos —variación más adaptación diferencial más herencia— podemos deducir que, de media, los individuos más aptos tienen más probabilidades de sobrevivir y de producir más descendientes, diseminando así estas características a través de la población, al menos hasta que el entorno cambie y empiece a favorecer otras características. En ese punto, el proceso —que llamamos «evolución mediante selección natural»— toma una dirección nueva y continua.

¿Qué tiene que ver todo esto con la naturaleza humana? La teoría darwiniana de la evolución descargó un golpe mortal contra cualquier teoría de la humanidad basada en características *esenciales*, como las que planteaban Aristóteles y los estoicos (y casi todos los demás en la Antigüedad). Epicteto tenía toda la razón cuando me dijo: «¿De qué nos distingue el elemento racional? De los animales salvajes. ¿Y de qué más? De las ovejas y otros animales parecidos». Las personas son muy diferentes de los «animales salvajes» y las ovejas. Pero ¿nos diferenciamos tanto de otros primates, en especial de los grandes simios? En realidad no, según la biología moderna. Nuestro genoma, para tomar un elemento de medida, difiere entre un 4 y un 5 por ciento del genoma del chimpancé. Eso es un montón, desde el punto de vista evolutivo, pero apuesto algo a que Aristóteles se sorprendería de lo pequeño que es el porcentaje. Más aún, los biólogos han ido encontrando sistemáticamente que una larga lista de supuestos rasgos exclusivamente humanos en realidad no son solo humanos en absoluto. No somos los únicos animales que vivimos en grupos sociales cooperativos, ni los únicos que usamos herramientas. Tampoco somos la única especie con capacidad de una comunicación compleja, ni siquiera los únicos que mostramos lo que podríamos llamar un comportamiento moral (que se puede encontrar entre los bonobos y otros primates).[2]

Dicho esto, parece que somos los únicos animales que utilizamos un lenguaje con una gramática compleja, tenemos bebés que nacen con un cerebro muy grande y seguimos cuidándolos hasta mucho después de su nacimiento, y tenemos hemisferios cerebrales muy asimétricos que están especializados en funciones diferentes (entre ellas, una de las más importantes, el lenguaje en el izquierdo). También tenemos la relación cerebro-cuerpo más grande en el mundo de los mamíferos y —esto es realmente extraño— somos los únicos monos o simios del Viejo Mundo sin un hueso en el pene.[3]

Contemplando esta lista (incompleta), el lector se dará cuenta de que la mayoría de las entradas son cuantitativas, no cualitativas. Nuestro cerebro es *más* largo y *más* asimétrico, nuestros bebés son *más* grandes y los cuidamos hasta *mucho* después de su nacimiento, etcétera. Es decir, se trata de diferencias de grado, no de tipo, entre nosotros y los demás animales. Otras entradas parece que son irrelevantes para lo que quieren resaltar Aristóteles y los estoicos: de acuerdo, no tenemos un hueso en el pene, pero eso difícilmente tiene algo que ver con nuestras facultades racionales, nuestra capacidad de filosofar o con nuestras virtudes. Quizá el rasgo distintivo más prometedor es el lenguaje, pero incluso en este aspecto la gente no está de acuerdo en qué consiste exactamente un lenguaje, como algo distinto de otras formas de señalar y comunicar.[4]

Pero mi rechazo al escepticismo con base biológica sobre la naturaleza humana no depende de una búsqueda quijotesca de una esencia humana. Al contrario, se basa en asumir los descubrimientos de la biología moderna y tomarlos en serio. La investigación nos ha demostrado que la mayor parte o todas las características que separan a las diferentes especies de seres vivos, incluidos nosotros, son cuantitativas, extendiéndose a lo largo de un continuo multidimensional. Pero también ha demostrado con claridad que los miembros individuales de la misma especie de organismos complejos y multicelulares —en especial los vertebrados, de los cuales somos un ejemplo— están más estrechamente unidos en dicho continuo multidimensional de lo que están unidos a segmentos similares de especies diferentes (con excepciones, porque cualquier biólogo le dirá con rapidez que la única ley en la biología es que siempre se pueden encontrar excepciones). Esta es una manera divertida de decir que parecemos y actuamos como miembros de la especie *Homo sapiens*, y que no se necesita ser biólogo para diferenciarnos de nuestros parientes evolutivos más cercanos, los *Pan troglodytes* (los chimpancés). Esto es realmente todo lo que necesitamos saber para hablar con conocimiento de causa sobre la naturaleza humana: los seres humanos son lo suficientemente diferentes de las especies con las que están más estrechamente emparentados como para tener su propio conjunto multidimensional de características distintivas, y además una serie de dichos rasgos tienen que ver con nuestra increíblemente mejorada capacidad para la cooperación social, así como con nuestro gigantesco poder cerebral. Y precisamente en estos dos aspectos de la humanidad —sociabilidad y razón— insisten los estoicos como base de su pretensión del excepcionalismo humano.

Hasta aquí la biología de la naturaleza humana. Pero recientemente la idea de la excepcionalidad humana tampoco ha tenido una buena acogida en algunos territorios de las humanidades, en especial en la filosofía. Las objeciones proceden de dos líneas de razonamiento que debemos examinar con brevedad antes de regresar a nuestro amigo Epicteto. Algunos filósofos plantean simplemente los mismos argumentos que acabamos de examinar, argumentando que Darwin asestó un golpe mortal a la idea del esencialismo. Otros filósofos toman el camino contrario, apoyándose no en la genética sino en la antropología cultural para concluir que la humanidad es tan flexible en su comportamiento y agrupa tal variabilidad incluso entre culturas humanas en el mismo espacio y tiempo que sencillamente no podemos hablar de manera significativa sobre el concepto unificado de naturaleza humana.

El último argumento es un poco extraño en dos aspectos. En primer lugar, si en realidad la cultura humana fuera tan variable, entonces esto mismo sería una característica única en el mundo animal y ayudaría —de manera algo paradójica— a distinguir a los humanos de las otras especies. En segundo lugar, y un poco más en serio, todos los seres humanos comparten unos pocos rasgos que no parece que varíen en las diferentes culturas: un indicio de que la plasticidad del comportamiento humano es, en realidad, limitada. Algunos de estos rasgos compartidos incluyen el uso de un calendario (es decir, contar deliberadamente el tiempo), el desarrollo de una cosmología (que explica cómo es el mundo y cómo se formó), la dedicación a la adivinación, el establecimiento de ritos funerarios, la adopción de reglas para la herencia de la propiedad, bromear, el desarrollo de costumbres relacionadas con la pubertad, tener un concepto del alma o algo que se le parezca, y la construcción de herramientas. (Subrayemos que esta lista se distingue de la lista de características que *solo* tienen los humanos; por ejemplo, otras especies también construyen herramientas de algún tipo.)[5]

En definitiva, parece que ni las variaciones biológicas ni la diversidad cultural se pueden presentar razonablemente para rechazar lo que los antiguos creían que era obvio: somos una especie diferente de cualquier otra que haya producido el planeta Tierra a lo largo de los miles de millones de años de evolución, tanto para lo mejor (nuestros sorprendentes logros culturales y tecnológicos) como para lo peor (la destrucción medioambiental y el dolor y el sufrimiento que hemos impuesto a las otras especies y a la nuestra). En particular —y este es el punto crucial de interés para nosotros— lo que nos hace tan diferentes no es algo tan trivial como la ausencia de un hueso. Más bien lo son nuestras habilidades sociales y mentales: la misma habilidad que hace posible que yo pueda escribir el libro que está leyendo y que hace que usted tenga interés en leerlo.

Ahora nos encontramos en una disposición mucho mejor para valorar de manera más precisa la respuesta de Epicteto a las preguntas con las que empezamos este capítulo: «¿Qué es el Hombre? Un animal racional, sometido a la muerte. Por eso preguntamos: ¿de qué nos distingue el elemento racional? De los animales salvajes. ¿Y de qué más? De las ovejas y otros animales parecidos». Su explicación continúa: «Mira que no actúes como una oveja, o el hombre que hay en ti perecerá. ¿Preguntas cómo actuamos como ovejas? Cuando consultamos con el vientre o con nuestras pasiones, cuando nuestras acciones son aleatorias o sucias o desconsideradas, ¿no estamos cayendo en el estado de las ovejas? ¿Qué estamos destruyendo? La facultad de razonar. Cuando nuestras acciones son combativas, malvadas, airadas y rudas, ¿no estamos decayendo y convirtiéndonos en bestias salvajes?».[6] Epicteto está afirmando que lo que distingue a la humanidad de las otras especies es nuestra capacidad de racionalidad y como consecuencia de ello plantea un precepto ético: no debemos comportarnos como bestias o como ovejas porque al hacerlo negamos nuestra humanidad, presumiblemente la cosa más preciosa (¡y natural!) que tenemos. Quizá usted pueda empezar a ver por qué «seguir a la naturaleza» no tiene nada que ver con abrazarse a los árboles.

Pero ahora tenemos otro problema, filosóficamente hablando. ¿Epicteto y sus seguidores estoicos están cometiendo una falacia lógica elemental que se conoce como «apelar a la naturaleza»? En otras palabras, ¿están argumentando que algo es bueno porque es natural, sin importarles que un buen número de cosas naturales son en realidad bastante malas para nosotros? (Me vienen a la cabeza las setas venenosas.) El problemático recurso a la naturaleza en el caso específico de la ética tiene una larga historia, que cristalizó en una de las grandes figuras de la Ilustración, el filósofo escocés David Hume. Él observó lo que creía que era un comportamiento peculiar:

> En todo sistema de moralidad que he conocido hasta el momento, siempre he podido comprobar que el autor procede durante algún tiempo siguiendo la manera habitual de razonar, y establece la existencia de Dios, o realiza observaciones sobre los asuntos humanos; cuando de repente me sorprendo al descubrir que en lugar de la copulación habitual de proposiciones, ser y no ser, no me encuentro con ninguna proposición que no esté conectada con un debe ser o un no debe ser. Este cambio es imperceptible, pero aun así tiene las mayores consecuencias. Porque este debe ser o no debe ser expresa una relación o afirmación nueva, y debe necesariamente ser observada y explicada; y al mismo tiempo se debe dar una razón para lo que parece en última instancia inconcebible: cómo esta nueva relación puede ser una deducción a partir de otras que son completamente diferentes de ella.[7]

Actualmente se trata de un pasaje clásico de la filosofía y el problema al que se refiere Hume se ha llamado acertadamente la cuestión del ser/deber ser. Algunas personas lo interpretan (aquellos que enfatizan «lo que parece en última instancia inconcebible: cómo esta nueva relación puede ser una deducción a partir de otras») como que el hueco entre ambos no se puede superar, mientras que otros más modestamente afirman que Hume solo está diciendo que si se quiere realizar un intento para superar este hueco, dicha acción necesita una justificación (como en «debe necesariamente ser observada y explicada; y al mismo tiempo se debe dar una razón»). Sin importar lo que Hume quiso decir realmente, yo me inclino hacia la segunda postura. Me parece que la ética debe venir de algún sitio y un enfoque naturalista de ella es el abordaje más prometedor.[8] También es el abordaje utilizado por todos los filósofos grecorromanos y, en particular, por el estoicismo.

En las discusiones modernas sobre las raíces de la moralidad existen, hablando en términos generales, cuatro maneras de enfocar el tema, o lo que los filósofos denominan posturas «metaéticas»: se puede ser escéptico, racionalista, empirista o intuicionista. Si se es un escéptico en este contexto, básicamente se está diciendo que no hay manera de saber si los juicios éticos son correctos o no. Con frecuencia, los escépticos morales afirman que cuando la gente dice, por ejemplo, que «el asesinato es malo» está cometiendo un tipo especial de error (conocido como un error de categoría):[9] mezclando cosas que no pertenecen a la misma categoría, como la afirmación de un hecho (se ha cometido un asesinato) y un juicio de valor (algo es malo). Está claro que los escépticos creen que el hueco entre el ser y el deber ser no se puede superar, y que en realidad los hechos no tienen nada que ver con los juicios de valor. No es necesario recalcar que los escépticos morales no son demasiado populares en las cenas.

El racionalismo es una postura general en la filosofía que sostiene que es posible llegar al conocimiento simplemente pensando sobre los temas, como lo opuesto a observar o experimentar. Aunque esto puede llevar al estereotipo del llamado filósofo de bar, no rían demasiado deprisa: los lógicos y los matemáticos producen continuamente conocimientos nuevos mediante métodos racionalistas, así que la cuestión radica en realidad en si la ética es algo parecido a las matemáticas o la lógica. Algunas personas lo creen así, mientras que otras no están de acuerdo.

Con frecuencia, al racionalismo se opone el empirismo, la afirmación de que en última instancia llegamos al conocimiento sobre la base de los datos empíricos, es decir, las observaciones y los experimentos. La ciencia es la disciplina empírica más importante, por supuesto, de manera que decir que se puede llegar al conocimiento ético mediante el empirismo es un intento de superar de alguna manera el hueco entre el ser y el deber ser por una vía con fundamento científico.

Finalmente, tenemos el intuicionismo, la proposición de que el conocimiento ético no requiere ningún tipo de inferencia, ya sea mediante la razón o la observación. En cambio, está incorporado en cierto modo en nuestro interior en forma de firmes intuiciones sobre lo que está bien y lo que está mal. ¿Cómo es posible? Bueno, por ejemplo, he mencionado que otros primates exhiben comportamientos protomorales, como ayudar a alguien que no es de la familia y que parece que está en peligro o angustiado. Es de suponer que los chimpancés bonobo no exhiben este comportamiento porque hayan leído tratados filosóficos sobre el bien y el mal. Sencillamente actúan de manera instintiva y lo más probable es que dicho instinto esté incorporado en su interior por la selección natural porque fortalece el comportamiento prosocial, que es crucial para la supervivencia de los grupos pequeños de primates. Porque compartimos un ancestro común reciente con los bonobos, y porque nuestros propios ancestros también vivían en grupos pequeños en los que el comportamiento prosocial era adaptativo, no resulta demasiado aventurado pensar que en realidad disponemos de un instinto moral y que lo hemos heredado de los primates que nos precedieron.[10]

El enfoque estoico de la ética resulta interesante porque en realidad no se adapta a ninguna de estas cuatro categorías distintas. De hecho, la doctrina estoica se puede considerar como una combinación de intuicionismo, empirismo y racionalismo. Sin embargo, los estoicos en su mayor parte no eran escépticos. Los estoicos sostenían una teoría «desarrollista» de la preocupación ética, según la cual empezamos a vivir guiados solo por los instintos (no por la razón) y dichos instintos favorecen tanto la autoestima como la preocupación por las personas con las que interactuamos a diario, normalmente nuestros padres, hermanos y la familia más o menos extendida. Hasta este punto, actuamos esencialmente como intuicionistas puros, con las intuiciones éticas insertas en nuestra misma naturaleza como humanos.

Gradualmente se nos enseña a ampliar nuestras preocupaciones a medida que nos acercamos a la edad de la razón, en términos generales cuando llegamos a los seis u ocho años de edad.[11] En este punto empezamos a realizar distinciones claras entre nuestros pensamientos y nuestras acciones, y a tener una idea más precisa del mundo y de nuestro lugar en él. A partir de este momento, nuestros instintos se fortalecen y a veces incluso se corrigen mediante una combinación de autorreflexión y experiencia, es decir, por procesos tanto racionalistas como empíricos. Los estoicos pensaban que, cuanto más maduramos psicológica e intelectualmente, el equilibrio debería alejarse de los instintos y dirigirse hacia el despliegue del razonamiento (informado empíricamente). Durante nuestra conversación, Epicteto me explicó que es «la naturaleza del animal racional que no pueda conseguir nada bueno por sí mismo, a menos que contribuya con algún servicio a la comunidad. Así que resulta que hacerlo todo para uno mismo no es antisocial».[12] Esto nos lleva de vuelta a la naturaleza: Epicteto me estaba diciendo que el aspecto fundamental del ser humano es que somos sociales, no solo en el sentido de que nos *gusta* la compañía de los demás, sino en el sentido profundo de que en realidad no podríamos existir sin la ayuda de los demás; la implicación es que cuando hacemos cosas para el bien de la comunidad, en realidad (aunque quizá de manera indirecta) nos estamos beneficiando a nosotros mismos. Este es un análisis sorprendentemente perspicaz de la humanidad, que encaja muy bien con el descubrimiento, dieciséis siglos después de Epicteto, de que los seres humanos se desarrollaron en realidad como un tipo de primates sociales, compartiendo instintos prosociales adaptativos con nuestros primos en el árbol evolutivo.

Pero fue otro filósofo estoico del siglo II, Hierocles, quien posiblemente mejor sintetizó el pensamiento de la escuela sobre este tema en sus *Elementos de ética*, de los que, desgraciadamente, solo nos han llegado fragmentos. (Tampoco sabemos demasiado sobre el propio Hierocles, excepto que Aulo Gelio lo describió como un «hombre serio y santo».) Esto es lo que dice:

> Cada uno de nosotros está circunscrito por muchos círculos. [...] El primero y el más cercano es lo que cada uno describe sobre su propia mente como un centro. [...] El segundo a partir de aquí y que se encuentra a mayor distancia del centro, aunque incluye el primer círculo, es aquel en el que se incluyen padres, hermanos, esposa e hijos. [...] A continuación está el que contiene a la gente, después el que comprende a los de la misma tribu, después el que contiene a los ciudadanos. [...] Pero el círculo exterior y más grande, y que comprende todos los demás círculos, es el de toda la raza humana. [...] Es este conjunto el que lo empuja a actuar adecuadamente en cada una de estas conexiones para reunir, en cierto aspecto, los círculos, tal como son, en un centro, y siempre para emprender en serio la transferencia de uno mismo desde los círculos integradores a las numerosas particularidades que integran.[13]

Al ser un estoico, y por tanto de tendencia práctica, Hierocles incluso llega a sugerir cómo comportarnos de un modo que nos ayude a interiorizar el concepto de que las personas que se encuentran en los diversos círculos son importantes para nosotros. Por ejemplo, aconseja a sus estudiantes que se refieran a los extraños como «hermano» o «hermana» o, si son mayores, como «tío» o «tía», como un recordatorio constante de que debemos tratar a las otras personas como si en realidad fueran nuestros parientes, porque la razón dicta que todos estamos juntos en el mismo barco, por decirlo así. Incluso en la actualidad, una variedad de culturas tienen costumbres similares, habiendo llegado independientemente a los conocimientos de Hierocles sobre la psicología humana.

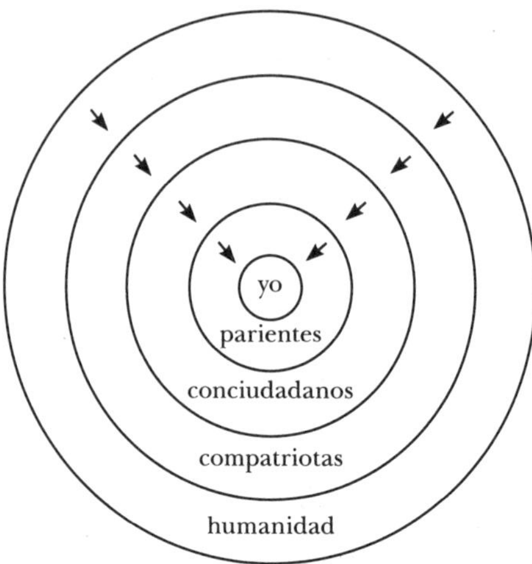

FIG. 4.1. La idea estoica del cosmopolitismo, visualizado como círculos de preocupación cada vez más reducidos, según el filósofo del siglo II Hierocles. La idea es que nos entrenemos para tratar a las personas en los círculos exteriores lo mismo que tratamos a las que se encuentran en los círculos interiores.

Los estoicos perfeccionaron esta idea de desarrollo ético y la llamaron *oikeiôsis*, que con frecuencia se traduce como «familiarizarse con» o «apropiarse de» las preocupaciones de otras personas como si fueran las nuestras. Esto los condujo (y a los cínicos que fueron el precedente inmediato y ejercieron una gran influencia sobre ellos) a acuñar y usar una palabra que sigue siendo esencial en nuestro vocabulario moderno: cosmopolitismo, que significa literalmente «ser ciudadano del mundo». O como dijo Sócrates, sin lugar a dudas la influencia más importante en todas las escuelas de filosofía helenísticas: «Nunca [...] respondas a quien [te] pregunte sobre [tu] país: "Soy ateniense" o "Soy corintio", sino "Soy ciudadano del universo"».[14]

5

Jugar a la pelota con Sócrates

> Las cosas materiales son indiferentes,
> pero no lo es cómo las tratamos.
>
> EPICTETO, *Disertaciones*, II.5

Cuando hablábamos de «vivir de acuerdo con la naturaleza» en los capítulos anteriores, mencioné que los estoicos les tenían mucho cariño a los resúmenes breves de su filosofía. Me parece que este es un aspecto adorable de su pensamiento por un par de razones. La primera es que se trata de un recordatorio muy potente de que estamos interesados en la práctica, no solo en la teoría: sus aforismos estaban destinados a beneficiar el *prokoptôn*, es decir, a ayudar a progresar a los estudiantes de estoicismo. A diferencia de las modernas pegatinas para los parachoques, los lemas de las camisetas y demás, que tienen como objetivo principal afirmar la pertenencia a un grupo en particular y se suelen usar como un club metafórico con el que diferenciarse de los que no piensan igual, los lemas estoicos eran utilizados por sus practicantes como recordatorios personales, como ayuda para la meditación diaria, o como guías de conducta cuando existía alguna duda. En otras palabras, el estoicismo no estaba pensado para ser lucido como una etiqueta en la manga (a menos que uno fuera alguien, como por ejemplo un maestro, que no pudiera evitarlo). Marco Aurelio llevó esta actitud hasta el extremo: sus famosas *Meditaciones* fueron escritas como un diario personal de reflexiones, no como un libro destinado a su publicación, y en la Antigüedad la obra era conocida como *Ta eis heauton*, lo que significa simplemente «Para sí mismo».

También me gustan los aforismos estoicos porque estas frases cortas son con frecuencia superficialmente paradójicas y se pueden tomar en algunas de las siguientes dos formas. Por un lado, como una fuente perenne de frustración, porque los estoicos se tienen que dar constantemente explicaciones a todos los que siguen malinterpretando de qué trata su filosofía y, por el otro lado, como una oportunidad para un momento didáctico: preguntado sobre una de estas «paradojas», el estoico tiene la oportunidad perfecta para pasar de la pegatina del parachoques a, por lo menos, el nivel de una conversación de ascensor, que parece que es lo máximo que permiten la mayor parte de las conversaciones modernas, ya sea en persona o a través de las redes sociales.

Quizá la más paradójica de estas frases es «indiferentes preferidos» (e «indiferentes dispreferidos»). Como la categoría «indiferente» lo reúne prácticamente *todo* fuera de las excelencias del carácter (o virtudes) del individuo, será mejor que empecemos por aclarar qué quieren decir los estoicos exactamente con esto.

Como siempre, le pedí a Epicteto que lo aclarase, esta vez durante un agradable paseo por la zona del Casal Palocco de Roma, donde resulta que hay una calle que lleva su nombre. (Esto sorprendió extraordinariamente a mi amigo, que es muy modesto por naturaleza.) Como hace con frecuencia, me remitió a Sócrates, que fue una de las influencias principales en el pensamiento estoico: «[Sócrates] era como alguien que jugaba con una pelota. Pero ¿con qué pelota estaba jugando? La vida, la prisión, el exilio, tomar el veneno, verse privado de su esposa, dejar huérfanos a sus hijos. Estas eran las cosas con las que estaba jugando, pero aun así jugaba y lanzaba la pelota con equilibrio. Así que debemos jugar el partido, por decirlo de alguna manera, con todo el cuidado y la habilidad que sea posible, pero debemos tratar con indiferencia a la pelota misma».[1]

Permítanme que desenvuelva esta analogía que se establece claramente entre la vida y jugar a la pelota. No estoy seguro de a qué juego se estaba refiriendo Epicteto, pero digamos que era un fútbol grecorromano.[2] La clave de la analogía es que la pelota en sí misma, aunque esencial para el juego y en apariencia el centro de la atención de todo el mundo, es en realidad indiferente, queriendo decir que podría adoptar una variedad de colores y formas, estar fabricada en diferentes materiales o ser de tamaños diversos, pero que no tiene valor en sí misma. La pelota es solo un medio para alcanzar un fin y no es lo importante: es lo que *uno hace* con la pelota lo que define el juego, lo bien que se juega y quién gana o pierde. De hecho, un buen jugador no tiene ideas rígidas sobre cómo manejar la pelota, cuándo o a quién pasarla y otros aspectos del juego. Los mejores jugadores son los que despliegan *fantasía* (creatividad), los que son imaginativos en lo que hacen en el campo, y los que encuentran maneras nuevas de volver a su favor las situaciones difíciles, convirtiendo los obstáculos en el camino, para parafrasear a Marco Aurelio.[3] Más aún, la marca de un jugador admirable no es que gane partidos, sino que juega lo mejor que sabe sin importar el resultado final que, al fin y al cabo, no está bajo su control.

Al igual que Sócrates: el destino le entregó ciertos materiales para que jugase con ellos, incluido el momento y el lugar de su nacimiento, el sistema político y la situación de Atenas en el siglo v a.C., entre otros. Intentó vivir una vida, cumpliendo con sus deberes militares durante la guerra del Peloponeso y enseñando filosofía a sus conciudadanos. Cuando Meleto, con el apoyo en la sombra de Anito y Licón, lo acusó de «impiedad» (es decir, no creer en los dioses oficiales del Estado), se presentó delante de sus conciudadanos para defender su causa, aunque estaba claro que los cargos eran consecuencia de una combinación de venganzas políticas y personales por parte de los acusadores.

Después de su condena a muerte por el tribunal del pueblo, Sócrates tuvo oportunidad de escapar gracias a sus amigos, que estaban muy dispuestos a sobornar a los guardias (una práctica bastante habitual, y no solo en esa época). En cambio, convirtió la ocasión en una explicación de sus deberes para con la ciudad que lo había visto nacer y lo había alimentado a lo largo de toda su vida. En el *Critón* de Platón, Sócrates explica a sus desconsolados amigos que tiene el deber moral de aceptar la ley incluso cuando es evidente que se le está dando un mal uso, porque no debemos cambiar las reglas cuando no nos son favorables. Por eso está dispuesto a tomar el veneno y abandonar a sus amigos, alumnos, esposa e hijos para no comprometer su integridad, que es lo importante; todo lo demás es «indiferente», no en el sentido de que Sócrates no se preocupe por su familia y amigos (o, en este caso, por su propia vida), sino en el sentido más profundo de que no estaba dispuesto a comprometer su virtud para salvar la piel o para ahorrarles sufrimientos a sus seres queridos. Como me explicó Epicteto durante nuestra conversación: «¿Cómo sé lo que va a ocurrir? Mi tarea es utilizar lo que ocurra con diligencia y habilidad... Por lo tanto, está en tu mano tomar lo que te den y aprovecharlo al máximo».[4]

Una analogía moderna podría tener como protagonista al delator americano Edward Snowden. Como es bien sabido, Snowden era un contratista de la Agencia de Seguridad Nacional (en inglés National Security Agency, también conocida como NSA) de Estados Unidos. En 2013 filtró una serie de documentos clasificados que sacaron a la luz un amplio, y presuntamente ilegal, sistema de vigilancia establecido por la NSA, que desde entonces ha provocado un debate muy necesario sobre el equilibrio entre vigilancia y valores democráticos en una sociedad abierta. Como era de esperar, la simple mención de Snowden suele generar respuestas polarizadas, lo mismo que ocurría con el nombre de Sócrates en su época: para algunos es un héroe, para otros es un traidor, y en realidad puede considerarse ambas cosas. Sin tener en cuenta si lo que Snowden hizo era correcto o no desde el punto de vista moral —de manera similar a la pregunta de si las enseñanzas y las acciones políticas de Sócrates eran correctas o no—, podemos preguntarnos razonablemente sobre la ética de Snowden al buscar asilo en el extranjero (en el momento de escribir estas líneas, en Rusia, nada menos) en lugar de enfrentarse a las dos acusaciones de violación de la Ley de Espionaje de 1917, que el gobierno de Estados Unidos presentó contra él. Sinceramente no sé la respuesta. Sócrates decidió quedarse y Snowden decidió irse, pero aunque crea que Snowden se debió enfrentar a las consecuencias (justas o no) de sus actos, probablemente podemos estar de acuerdo en que pocas personas han alcanzado la estatura moral de Sócrates, que es la razón por la que es uno de los modelos habituales utilizados por los estoicos.

Afortunadamente, la mayoría de nosotros no tendremos que enfrentarnos al terreno traicionero desde el punto de vista moral en el que se han encontrado Sócrates y Snowden. Aun así, tenemos muchas oportunidades para decidir cómo jugar los balones que la vida lanza en nuestra dirección. Permítanme un par de ejemplos triviales. Poco después de mi conversación con Epicteto, necesité un poco de dinero para mis gastos personales, así que fui al otro lado de la calle de mi apartamento en Nueva York, utilicé el cajero automático de la sucursal de mi banco y conseguí el dinero. Entonces me quedé helado. Verá, si se relaciona durante algún tiempo con los estoicos se dará cuenta de que *todo* tiene una dimensión ética. En este caso, recordé de repente que mi banco se había visto envuelto en una serie de prácticas poco claras (por ejemplo, herramientas financieras y de inversión cuestionables) hacia sus propios empleados y la sociedad en general. Esto significaba que mi indiferente preferido —conseguir dinero de mi cuenta a voluntad siempre que lo necesitase— entraba en este momento en tensión con el apoyo implícito a prácticas laborales y sociales a las que me opongo por principios. Ups.

Como consecuencia de esta reflexión, entré en la sucursal del banco y le expliqué a un empleado sorprendido que iba a cerrar mi cuenta, no porque no estuviera satisfecho con el servicio (que en realidad era excelente), sino porque tenía diferencias irreconciliables con el banco sobre cómo estaban usando lo que, en definitiva, era mi dinero. Después hice algunas averiguaciones y encontré un banco que, aunque desde luego no era éticamente impecable, era sin duda mejor que el que acababa de abandonar. Les llevé todas mis cuentas y desde entonces me siento un poco mejor.

De manera parecida, en Italia crecí como un omnívoro completo, con padres y abuelos que en el fondo no podían comprender la palabra «vegetariano». En la actualidad no soy vegetariano, pero gradualmente he empezado a prestar más atención al lugar de donde proceden los alimentos y cuánto cuestan en términos de sufrimiento animal, impacto ambiental y trabajo humano. Se trata de un problema complejo, sin ninguna solución fácil y lleno de conflictos entre distintos indiferentes. Por ejemplo, en contra del argumento vegetariano habitual, no es tan fácil calcular cuántos animales sufren y mueren cuando se adopta una dieta vegetariana, porque el cultivo a gran escala de plantas para el consumo humano altera radicalmente el medio ambiente del planeta, privando a una serie de especies animales salvajes de su espacio ecológico vital. Si cree que comer alimentos orgánicos y locales es sostenible, quedará sorprendido al hojear la literatura relevante o realizar algunos cálculos generales. Incluso el activista-periodista Michael Pollan, autor del *best seller The omnivore's dilemma: A natural history of four meals*,*

* Hay traducción al castellano: *El dilema del omnívoro*, Debate, Madrid, 2017. *(N. del T.)*

está de acuerdo en que no podemos alimentar a miles de millones de personas con el tipo de dietas que él y yo nos podemos permitir y encontrar con facilidad en la tienda de comestibles local. Pero aun así, argumentar que tenemos el derecho de comer todo lo que nos venga en gana, a pesar de los inmensos niveles de sufrimiento demostrables y los daños ecológicos que infligimos en el proceso, parece un poco cruel.

Este dilema es probablemente la razón de que varios estoicos fueran de hecho vegetarianos. Por ejemplo Séneca, que escribió: «Quedé imbuido de esta enseñanza [vegetariana] y empecé a abstenerme de alimento animal; a finales de año la costumbre era tan placentera como fácil. Empecé a sentir que mi mente estaba más activa».[5] Al final, Séneca abandonó el vegetarianismo porque no quería que lo asociaran con una facción política determinada que había adoptado dicha práctica. Entonces, ¿era solo un oportunista o, como mínimo, era moralmente débil? No necesariamente. No conocemos los detalles, pero es posible que calculase que seguir con una dieta vegetariana hubiera aportado menos bien al mundo (lo que para él significaba, por supuesto, la sociedad romana) que tomar la decisión de distanciarse de ese partido político en particular. Ser vegetariano, por sí mismo, no es una prueba de una cualidad moral superior, pero es algo bueno si otras consideraciones no dictan lo contrario. Y la marca de una persona sabia es la capacidad de navegar a través de una situación compleja que se caracteriza por la inexistencia de un curso de acción óptimo fácilmente identificable.

Musonio Rufo, el maestro de Epicteto, era famoso por ser un estoico particularmente práctico que daba a sus estudiantes consejos sobre todas las cosas, desde las importantes en la vida (como la idea de que las mujeres debían recibir la misma educación que los hombres) hasta temas triviales, como la manera de amueblar la casa (eficientemente, con objetos que no se rompan con facilidad) o cortarse el cabello (quitando solo lo que es inútil). También tenía mucho que decir sobre la dieta. Afirmaba que «aunque hay muchos placeres que inducen a los seres humanos a hacer el mal y los empujan a actuar contra sus propios intereses, el placer conectado con la comida es indudablemente el más difícil de combatir de todos los placeres», añadiendo: «Para obtener esos pocos momentos de placer gastronómico, se tienen que preparar y traer por mar desde países lejanos una cantidad innumerable de alimentos caros. Los cocineros están más valorados que los agricultores. Algunas personas gastan todas sus posesiones para que les preparen sus banquetes, pero no se hacen más fuertes por comer estos alimentos caros. [...] Cuando se trata de la comida, las personas responsables favorecen lo que es fácil de obtener por encima de lo que es difícil, lo que no implica problemas sobre lo que lo implica, y lo que está disponible sobre lo que no lo está».[6]

Esto me toca muy de cerca y es un ejemplo excelente de cómo veían los estoicos los indiferentes preferidos de la vida. Como he mencionado, crecí en Roma y vivo en Nueva York. De hecho, estoy escribiendo este libro durante un año sabático de mi institución matriz, un permiso para ausentarme que estoy pasando en la Ciudad Eterna, en parte para que me inspiren mis paseos casi diarios por el Coliseo, el Foro y otras vistas, pero en parte para disfrutar de la compañía de mi familia y, sí, ¡de la comida deliciosa que me ofrece con facilidad mi ciudad natal! Mi pareja y yo también nos aprovechamos de los buenos restaurantes de la Gran Manzana, incluidos algunos de los caros donde los cocineros están sin lugar a dudas mejor pagados que los agricultores y donde, para obtener unos pocos instantes de placer gastronómico, se tienen que preparar y traer desde países distantes un sinnúmero de alimentos caros. Parece que mis opciones en este punto son bastante limitadas y algo desagradables: o debo admitir con franqueza que a pesar de toda la charla sobre el estoicismo soy en realidad un epicúreo (en el sentido moderno de la palabra) y por tanto un hipócrita, o debería renunciar a la buena comida en nombre de la consistencia lógica, en consecuencia relegándome a lo que otros consideran una vida sin alegría mientras estoy rodeado de placeres culinarios de todo tipo que me niego a compartir.

Pero una de las primeras cosas que se aprenden al estudiar filosofía es que resulta raro que exista una dicotomía tan radical excepto en los temas más triviales. De hecho, cuando imparto lógica informal, advierto a mis estudiantes que, en general, si alguien les presenta solo dos alternativas obligatorias, esa persona probablemente está cometiendo lo que se llama la falacia de la falsa dicotomía: no le está diciendo que existen otras opciones. (Por supuesto, en algunos casos realmente solo hay dos opciones y verse obligado a una elección tan reducida no es un error lógico, pero esto no contradice el argumento general.)[7] En este caso, por ejemplo, en Roma se pueden encontrar comidas baratas, deliciosas y saludables preparadas por cocineros locales utilizando ingredientes de temporada, y con ello se satisfacen las condiciones de Musonio. También es posible encontrar este tipo de comidas en Nueva York, por supuesto, pero la tentación de despilfarrar en comidas realmente (quizá extraordinariamente) caras, que se pueden describir de manera más exacta como «experiencias culinarias», es grande. Ahí es donde decidí trazar la línea, dentro de unos límites. Les dije a mi pareja y a mis amigos más cercanos que prefería no ir, por ejemplo, al Eleven Madison Park,* si podía evitarlo.[8] Por supuesto, esto es posible la mayor parte del tiempo. Pero no siempre: si un querido amigo, o mi pareja, me dicen que una vez en la vida quieren disfrutar de la experiencia Eleven Madison Park —digamos que para celebrar una ocasión muy especial— y se sentirían muy de-

* Restaurante con tres estrellas Michelin y que figura habitualmente en todas las listas de los restaurantes más importantes del mundo. Situado en la avenida Madison de Nueva York. *(N. del T.)*

cepcionados si no los acompaño, lo consideraría. No se trata de hipocresía ni de racionalización, creo, sino más bien de establecer un equilibrio entre exigencias contradictorias que derivan de criterios éticos diferentes: apoyar un tipo de acción que no apruebo frente a decepcionar a alguien querido. (Recuerde que estoy usando la concepción grecorromana de la «ética», que tenía un significado mucho más amplio que el término moderno.) La acción razonable a emprender —y los estoicos estaban muy interesados en aplicar la razón a los asuntos cotidianos— podría ser un compromiso: sí, iremos esta vez, pero lo compensaremos de alguna manera, como redoblando nuestros esfuerzos para apoyar durante el resto del año a restaurantes que utilicen productos locales, ecológicamente sostenibles y respetuosos con la fuerza de trabajo. ¿Me sentiré incómodo durante la velada festiva? Probablemente, pero como dijo el emperador Marco Aurelio —y no estaba bromeando ni siendo sarcástico—: «Si debes vivir en un palacio, entonces también puedes vivir bien en un palacio».[9]

Entonces, hablando en términos generales, la ética estoica no se centra solo en lo que hacemos —nuestras acciones—, sino en un sentido más amplio en cómo se equipa nuestro carácter para navegar por la vida real. Vivimos en entornos sociales demasiado intrincados para hacer siempre lo que es correcto, o con frecuencia ni siquiera *sabemos* con la certeza suficiente qué es correcto. La mayor parte de las exigencias que nos llegan tienen una dimensión ética (el sufrimiento animal, el daño ecológico, el trato que se da a los camareros), pero algunas son también más prácticas (necesito comer, pero ¿de dónde proceden mis alimentos? Necesito un banco, pero ¿a cuál de ellos recurro?). El estoicismo pretende desarrollar las herramientas para gestionar los conflictos resultantes con la mayor eficacia que es humanamente posible, lo que no exige la perfección ni proporciona respuestas específicas: son unos locos (en palabras de Epicteto) los que creen que el mundo es blanco y negro, el bien frente al mal, donde siempre es posible diferenciar con claridad a los buenos de los malos. Ese no es el mundo en el que vivimos, y suponer lo contrario es bastante peligroso y demuestra muy poca sabiduría.

Dicho esto, volvamos a la idea de los indiferentes y su clasificación como «preferidos» y «dispreferidos», contrastando el estoicismo con otras dos escuelas importantes del pensamiento helenístico: el aristotelismo y el cinismo (este último término tiene, incluso más que el estoicismo y el epicureísmo, un significado diferente en la actualidad del que tenía entonces).

Aristóteles fue alumno de Platón (y en consecuencia nieto intelectual de Sócrates, por decirlo así) y su filosofía se caracteriza por un enfoque muy práctico y algo elitista. En su versión de las virtudes éticas, la vida eudaimónica es posible mediante la búsqueda de la virtud, pero también se necesitan otras muchas cosas sobre las que no tenemos ningún control: salud, riqueza, educación e incluso una buena apariencia.

Comparemos esto con el pensamiento del primer cínico, Antístenes, que también fue alumno de Sócrates. Antístenes, e incluso más su famoso sucesor Diógenes de Sinope, eran más radicales: para ellos, nada es necesario para una vida eudaimónica excepto la virtud. Podemos estar sanos o enfermos, ser ricos o pobres, educados o ignorantes, guapos o feos: nada de esto importa. Es más, llegaron hasta el punto de afirmar que las posesiones terrenales se interponen en la práctica en el camino de la virtud: desarrollan en nosotros un apego por las cosas que no tienen importancia, así que estamos mejor sin ellas.

Diógenes practicó en serio lo que predicaba.[10] Su estilo de vida se podría caracterizar como un ascetismo extremo, como demostró al dormir en una cuba en las calles de Atenas, defecando y copulando en público (de ahí el término «cínico», que significa perruno), y preocupándose muy poco o nada por su supervivencia y comodidad. Nos han llegado historias maravillosas sobre Diógenes. Una explica que un día tenía sed, así que sacó un cuenco mientras se acercaba a una corriente de agua. Entonces vio a un chico que bebía agua simplemente formando un cuenco con sus manos para retener el líquido. Diógenes tiró su cuenco con disgusto, murmurando que incluso un niño era más sabio que él. En otra ocasión recibió la visita de Alejandro Magno, que había oído hablar del famoso filósofo y le fue a presentar sus respetos (presumiblemente delante de la cuba). Cuando Alejandro preguntó magnánimamente (o eso es lo que pensó) a Diógenes qué podía hacer por el filósofo el hombre más poderoso del mundo, este levantó la mirada y dijo algo así como «te puedes apartar, me estás tapando el sol». Esto puede darnos una idea de por qué los cínicos eran tan admirados y tan despreciados.

Pero aquí está el problema: por un lado, tenemos a Aristóteles que nos dice que la *eudaimonía* solo la pueden alcanzar algunas personas afortunadas que cumplen una serie de prerrequisitos, adquiridos mediante pocos (o ninguno) méritos propios. Por otro lado, tenemos a los cínicos, que no solo rechazan la lista de Aristóteles de prerrequisitos necesarios, sino que afirman que en realidad *impiden* una buena vida. Los estoicos ocupan el espacio lógico entre estas dos posiciones: la salud, la riqueza, la educación y la buena apariencia —entre otras cosas— son indiferentes preferidos, mientras que sus opuestos —y una serie de cosas adicionales— son indiferentes dispreferidos. Creo que esto es un golpe de genialidad. Los estoicos consiguieron que la vida eudaimónica fuera una meta alcanzable para todo el mundo, sin importar la posición social, los recursos financieros, la salud física o el grado de atractivo. Aunque todas estas cualidades son indiferentes para su capacidad para seguir una vida virtuosa —para convertirse en una persona moralmente valiosa— se las sigue prefiriendo (como le dirá sin reparos cualquier ser humano normal) siempre que no interfieran en la práctica de la virtud. Así es como Séneca resume hábilmente la idea en el caso de un contraste especialmente habitual entre experiencias preferidas y disprefe-ridas: «Hay una gran diferencia entre la alegría y el dolor; si me piden que elija, buscaré la primera y evitaré la segunda. La primera está de acuerdo con la naturaleza, la segunda es contraria a ella. Mientras se midan según este criterio, existe una gran diferencia entre ambas; pero cuando se trata de la cuestión de la virtud implicada, en cada caso la virtud es la misma, ya llegue a través de la alegría o a través de la pena».[11] En otras palabras, por todos los medios intenta evitar el dolor y experimentar la alegría en tu vida, pero no cuando ponga en peligro tu integridad. Es mejor sufrir el dolor de una manera honorable que buscar la alegría de una forma vergonzosa.

Existe una manera de comprender este razonamiento con una terminología muy moderna, utilizando el lenguaje de la teoría económica. Los economistas han desarrollado el concepto de las preferencias lexicográficas, llamadas así porque funcionan de forma similar al orden de las palabras en un diccionario para describir situaciones en las que las personas quieren bienes inconmensurables, es decir, bienes que no se pueden comparar entre sí en función del valor.[12] Digamos que valoro los bienes 1 y 2, que pertenecen a la categoría A, pero también los bienes 3, 4 y 5, que pertenecen a la categoría B. Mientras que 1 y 2 se pueden comparar y contrastar, y lo mismo ocurre con 3, 4 y 5, ningún bien que pertenezca a A es comparable con ningún bien perteneciente a B, y nada de A tiene una precedencia completa por delante de nada de B. El resultado es que se puede comerciar con los bienes dentro de A o de B, pero no entre categorías. Aquí la búsqueda de la virtud está en la categoría A, mientras que los indiferentes preferidos se encuentran en la categoría B. Dentro de B se pueden intercambiar las cosas: dinero por educación, una buena carrera por la vida familiar, etcétera. Pero para un estoico no existe ningún intercambio entre A y B: no se puede intercambiar nada si el precio compromete nuestro carácter. Además, esto significa que existen contrastes entre bienes —como la virtud frente a la salud física— a los que no se puede aplicar la teoría económica estándar.[13]

Esto puede sonar extraño, pero si se reflexiona durante un momento veremos que ya estamos utilizando la indexación lexicográfica en muchas de nuestras elecciones. Digamos que le podría gustar la idea de ir de vacaciones a un bonito hotel en el Caribe. Como ir de vacaciones y gastar dinero se encuentran en el mismo nivel lexicográfico, está dispuesto a intercambiar parte de su dinero ganado con tanto esfuerzo para alcanzar dicha meta. Pero asumo que no estaría dispuesto a vender a su hija por ninguna razón, y desde luego no para disfrutar de unas vacaciones. Eso es así porque su hija pertenece a un nivel lexicográfico más elevado, que es inconmensurable con sus vacaciones, por muy placenteras y necesarias que puedan ser estas últimas.

Sin importar si lo expresamos en términos filosóficos o económicos, el concepto estoico es muy potente. Si seguimos a Aristóteles (y, seamos sinceros, mucho de lo que es considerado sentido común), es necesario formar parte de la élite afortunada o no vamos a tener una buena vida. Este punto de vista coloca a la mayoría de las personas permanentemente en el lado perdedor de las cosas, condenándolas a perseguir los bienes materiales porque creen erróneamente que su felicidad y su valía dependen de su adquisición. Los psicólogos lo designan como la cinta hedonista: seguimos corriendo, pero no vamos a ninguna parte. Por el contrario, todo el mundo puede tener una buena vida según los cínicos, pero pocos de nosotros nos sentimos inclinados a pasar la vida en una cuba y a defecar en las calles. El compromiso estoico —su contraste lexicográfico entre las virtudes y los indiferentes preferidos, junto con su tratamiento de ambos como tipos de bienes ordenados jerárquicamente e inconmensurables— supera brillantemente el problema, conservando lo mejor de ambos mundos (filosóficos).

6

¿Dios o los átomos?

> ¿Cuál es, entonces, la naturaleza de Dios? ¿Es carne? Dios no lo permita. ¿Tierra? Dios no lo permita ¿Fama? Dios no lo permita. Es inteligencia, conocimiento, razón correcta. En consecuencia, en esto y en ningún otro sitio busca la verdadera naturaleza del bien.
>
> EPICTETO, *Disertaciones,* II.8

Tengo un desacuerdo importante con mi amigo Epicteto y, precisamente, el hecho de que podamos tener opiniones tan divergentes en un tema fundamental y que a pesar de eso seamos del mismo parecer acerca de cómo vivir nuestras vidas es uno de los rasgos más preciosos del estoicismo: crea un espacio común para creyentes religiosos y no creyentes, unidos por su comprensión común de la ética sin importar su metafísica divergente.

Cuando le pregunté a Epicteto sobre su visión de Dios, me contestó: «¿Quién ha ajustado la espada a la funda y la funda a la espada? ¿Nadie? Seguramente la misma estructura de estos productos acabados nos impulsa habitualmente a inferir que deben ser el resultado del trabajo de algún artesano y que no están construidos al azar. Entonces, ¿vamos a decir que todos estos productos señalan al artesano, pero que las cosas visibles y la visión y la luz no lo hacen? El hombre y la mujer y el deseo de unión, y el poder para usar los órganos adaptados para ello, ¿no señalan al artesano?».[1] Este es un ejemplo sorprendentemente temprano (porque se escribió en el siglo II d.C.) de lo que se conoce como el argumento del diseño para fundamentar la existencia de Dios. Una variación del mismo fue utilizada más tarde por destacados teólogos cristianos, entre ellos Tomás de Aquino,[2] y quizá es más conocido en la formulación del teólogo natural del siglo XIX William Paley, que la planteó solo unas pocas décadas antes de que Darwin escribiese *El origen de las especies*:

> Supongamos que al cruzar un páramo mi pie tropieza con una piedra y me preguntan cómo llegó allí la piedra; posiblemente podría responder que, por lo que sé, ha estado allí desde siempre; no será fácil demostrar lo absurdo de esta respuesta. Pero supongamos que he encontrado un reloj en el suelo y se me pregunta cómo es posible que el reloj esté en ese lugar; difícilmente podría pensar en una respuesta como la que he dado antes, que, por lo que sé, el reloj podría estar allí desde siempre... Debe haber existido, en algún momento, y en un lugar u otro, un artífice o artífices, que formó [el reloj] para el propósito que cumple en la actualidad; que concibió su construcción y diseñó su uso... Cada indicio de artilugio, cada manifestación de diseño, que existe en el reloj, existe en las obras de la naturaleza; con la diferencia, del lado de la naturaleza, de ser mucho más grande, y esto en un grado que supera todo cálculo.[3]

El argumento es intuitivamente muy poderoso y es muy posible que la mayoría de los creyentes lo presenten como una primera respuesta a la pregunta de por qué creen. Como era de esperar, también es el argumento contra el que los ateos han concentrado con mayor frecuencia su artillería. No es mi intención convencer al lector de lo uno o de lo otro, porque este libro no trata de la apologética y mucho menos del ateísmo. No obstante, sería intelectualmente deshonesto si no presentase mi opinión, como hice durante mi charla amistosa con Epicteto. Esto es lo que se supone que los buenos filósofos —y la gente razonable en general— deben hacer: atender a los argumentos del otro, aprender y reflexionar, y salir a tomar una cerveza para seguir hablando del tema.

Mi opinión meditada es que el argumento de Epicteto (y de Aquino y de Paley) fue sumamente razonable hasta algún momento entre los siglos XVIII y XIX. Lo que ocurrió entonces fue que dos mentes brillantes, una de un filósofo, la otra de un científico, descargaron dos puñetazos poderosos contra el argumento del diseño. Estos puñetazos no provocaron una victoria por nocaut (eso ocurre en muy raras ocasiones en filosofía), pero creo que el argumento, aunque aún lo defienden con vigor varios teólogos, filósofos e incluso algunos científicos, ha perdido una cantidad significativa de su atractivo.

El primer ataque convincente contra el argumento del diseño vino por parte de David Hume, que escribió: «Si vemos una casa [...] concluimos, con la mayor de las certezas, que tiene un arquitecto o un constructor precisamente porque tenemos la experiencia de que esta especie de efecto procede de dicha especie de causa. Pero seguramente no afirmaremos que el universo alberga semejante parecido con una casa para que podamos inferir con la misma certeza una causa similar, o que la analogía sea aquí entera y perfecta».[4] El argumento de Hume es sutil pero crucial: básicamente está diciendo que los argumentos a favor de las analogías, de las que el diseño es un ejemplo, son bastante problemáticos porque las analogías son siempre imperfectas, y en algunos casos totalmente erróneas.

De manera más precisa, Hume está de acuerdo en que si vemos un objeto manufacturado, tenemos una justificación para inferir la existencia de un fabricante humano, pero solo porque en realidad hemos visto —o tenemos pruebas irrefutables de su existencia— personas que fabrican cosas. En el caso del universo, sin embargo, no hemos visto nunca la creación de un ser, ni tenemos ningún conocimiento de la existencia de un Creador; de hecho, ese es precisamente el punto a debate: ¿cómo apareció el cosmos? Más aún, si existe un Creador, no tenemos ninguna idea de sus atributos. En consecuencia, Hume prosiguió con un poco de picardía (lo que era peligroso en la época en la que estaba escribiendo). Si tomamos en serio la analogía entre los diseñadores humano y cósmico, siguió afirmando, entonces debemos llegar a la conclusión de que este último tiene las propiedades siguientes: hay muchos, son falibles y son mortales, todas ellas sugerencias que no se ajustan demasiado bien a la consideración habitual de Dios por parte de la teología cristiana.

Aunque Hume desarrolló un contraargumento poderoso contra el recurso al diseño —que se sigue estudiando en la actualidad en los cursos introductorios a la filosofía— estaba pasando por alto algo bastante grande: una explicación alternativa para la innegable *apariencia* de diseño en el mundo, en especial en el mundo biológico. Esta pieza perdida la aportó menos de un siglo después el gran biólogo Charles Darwin. Su teoría de la evolución mediante la selección natural se sigue aceptando en la actualidad como la explicación científica de por qué los ojos, las manos, los corazones y los pulmones parecen relojes y espadas, pero aun así son producto de fenómenos naturales que de hecho no requieren un diseño inteligente. Más aún, Darwin combinó su explicación de la apariencia de diseño con la cuestión aún sin respuesta de la existencia del sufrimiento en el mundo, otro tema muy debatido. Como explicó en una carta famosa: «Pero confieso que no puedo ver tan claramente como lo hacen otros, y como a mí me gustaría, pruebas del diseño y la beneficencia a nuestro alrededor. Me parece que hay demasiada miseria en el mundo. No me puedo convencer que un Dios benéfico y omnipotente haya creado intencionadamente los icneumónidos con la intención expresa de que se alimenten dentro del cuerpo vivo de las orugas, o que un gato deba jugar con los ratones. Al no creer esto, no veo la necesidad de creer que el ojo haya sido diseñado expresamente».[5]

Por supuesto, Epicteto no leyó a Hume o a Darwin, así que le señalé en especial este último pasaje, y me respondió de una manera estoica por excelencia. Recordando que un día uno de sus alumnos, que tenía una pierna herida, se quejó de su herida diciendo «Entonces, ¿estoy condenado a tener una pierna lisiada?», me explicó que su respuesta había sido, digamos, bastante objetiva: «Esclavo, ¿quieres decir que debemos culpar al universo por una pierna rota?».[6] (Epicteto también me llamaba con frecuencia «esclavo» o «chico», lo que, aunque algo políticamente incorrecto, me parece a la vez adorable y fundamentalmente inofensivo: ¡él mismo era un esclavo y yo soy de hecho significativamente más joven que él!)

Como se trata de un aspecto importante de la metafísica estoica, vale la pena examinarla con un poco más de atención. Aunque Epicteto era seguramente el estoico más religioso del que tenemos noticia, desde luego no creía que Dios tuviera que preocuparse personalmente por cada minucia relacionada con los asuntos humanos (mucho menos por los insectos icneumónidos, si supiera de su existencia), como queda claro con su réplica ante la audacia de alguien que pretendía que se reorganizase todo el universo para que su pierna no sufriera una herida. Pero es más importante que muchos estoicos no creían en nada que se pareciera a la concepción monoteísta moderna de Dios. Su palabra preferida para definirlo era Logos, que se puede interpretar como la Palabra de Dios (como hicieron los cristianos, que heredaron mucho de la filosofía estoica), o como una especie de providencia integrada en el propio tejido del universo, o incluso de una manera mucho más sencilla como la observación directa de que el cosmos se puede comprender racionalmente, sin importar cómo ha llegado a formarse. El propio Epicteto les explicó con toda claridad a sus alumnos que no creía que Dios fuera algo externo, algo «allí fuera»: «Sois una obra principal, un fragmento del propio Dios, tenéis en vosotros una parte de Él. [...] Lleváis a Dios con vosotros, pobres desgraciados, y no lo sabéis. ¿Creéis que hablo de un dios externo de plata u oro?».[7] En este sentido, los estoicos se pueden considerar panteístas (o quizá panenteístas),[8] es decir, que creían que Dios es el propio universo y por consiguiente todos participamos de la naturaleza divina. La única diferencia entre los seres humanos y otros animales es que somos capaces del mayor atributo de Dios/Universo: la razón. Por eso la manera adecuada de vivir nuestra vida es mediante el uso de la razón para superar nuestros problemas.

La identificación de Dios con la naturaleza tiene una historia muy larga, y fue desarrollada en especial por la influencia del filósofo holandés del siglo XVII Baruch Spinoza. Con frecuencia se hace referencia a ello como el «Dios de Einstein», porque el famoso físico expresó un sentimiento similar. Hay que destacar dos puntos relacionados en esta concepción de Dios: el primero es que la divinidad no se dedica a los milagros; este Dios no suspende las leyes de la naturaleza para intervenir aquí o allí y corregir males locales. En segundo lugar, y relacionado con lo anterior, la diferencia práctica es muy pequeña entre este Dios y el simple reconocimiento (por parte de los estoicos) de que el universo funciona a través de una red de causas y efectos; esta concepción muy moderna es totalmente compatible con el punto de vista científico del mundo tal como lo comprendemos. Así, podemos interpretar de una manera similar la respuesta algo frívola de Epicteto a su estudiante lisiado de dos maneras: o quiere decir que Dios se preocupa personalmente del funcionamiento del universo en su conjunto, no de una parte específica, y que por tanto resulta presuntuoso quejarse sobre asuntos particulares; o quiere decir que la herida fue el resultado de una serie de causas y efectos que desde luego no tenían en mente el bienestar del estudiante cuando tuvieron lugar, de modo que resulta fútil quejarse del resultado. En cualquiera de los dos casos, pedir que las cosas sean de otra manera implica de hecho la pretensión de cambiar el universo por culpa de una pierna herida. Es más, dicha petición sería una violación flagrante del principio de dicotomía del control, que hemos visto que es fundamental en la enseñanza de Epicteto.

Epicteto me replicó que era consciente de las opiniones diferentes sobre los dioses,[9] pero insistió en que solo tenía sentido una de ellas:

> Sobre los dioses hay algunos que dicen que lo divino no existe, otros que existe pero está inactivo e indiferente y no se preocupa por nada, unos terceros que Dios existe y se preocupa pero solo por las grandes cosas y las cosas en el cielo, pero para nada en la tierra; y una cuarta clase dice que Dios también se preocupa por las cosas terrenales y humanas, pero solo de una manera general, y no se ocupa de los individuos; y hay una quinta clase, a la que pertenecen Ulises y Sócrates, que dicen: «allá donde voy / tú me ves». Porque si no hay dioses, ¿cómo puede ser que la finalidad del hombre sea seguir a los dioses? Si hay dioses, pero no se preocupan por nada, también en este caso, ¿qué bien puede obtenerse al seguirlos?

Por mucho que admire la prosa, aquí le recordé que el estoicismo no defiende en realidad que la finalidad del hombre sea seguir a los dioses. Esta era su propia versión. Lo que decían los estoicos, incluido Epicteto, era, como hemos visto, que debemos vivir la vida mientras seguimos a la naturaleza, y resulta razonable equiparar esto con seguir a los dioses solo si hemos esclarecido la relación entre la naturaleza y los dioses, algo que Epicteto no llegó a hacer nunca. De hecho, en este punto existía un desacuerdo entre los estoicos y entre ellos y las escuelas rivales, como los epicúreos. Los seguidores de Epicuro se presentan con frecuencia como «ateos», pero no lo eran. Eran lo que en la actualidad llamaríamos deístas, quedando en el tercer grupo mencionado por Epicteto: según ellos, Dios existe, pero está inmerso en la contemplación de las cosas divinas, sin preocuparse en absoluto de los temas terrenales y los asuntos humanos. El mundo, para los epicúreos, está formado por un caos de átomos que chocan entre sí al azar, y aunque los seres humanos son capaces de usar la razón, sus decisiones y acciones siguen siendo rehenes, no de una providencia divina, sino de los efectos de las fuerzas físicas.

Algunos estoicos aceptaban esta posibilidad y algunos llegaron hasta el punto de apropiarse de algunas de las ideas de Epicuro y sostuvieron —correctamente— que la filosofía no es la religión, que no tiene textos sagrados y no sigue doctrinas incuestionables. Por el contrario, como expresó acertadamente Séneca, «Lo que es verdad es mío»,[10] queriendo decir que una persona razonable hace suya la verdad, sin importar si viene de los amigos o de los enemigos.

Uno de los estoicos que estuvo de acuerdo en la concepción general de Epicteto sobre lo divino, pero que tenía la mente más abierta que él en estos temas, fue nada menos que el emperador-filósofo Marco Aurelio. Parece claro que Marco creía en los dioses. Por un lado, es posible racionalizar algunas de sus referencias genéricas a ellos no como un reflejo de la fe, sino más bien de una forma muy amplia de piedad como, por ejemplo, cuando escribió: «Me siento en deuda con los dioses por haber tenido unos buenos abuelos, unos buenos padres, una buena hermana, unos buenos maestros, unos buenos aliados, unos buenos familiares y amigos, casi todo bueno».[11] Sin embargo, por otro lado, fue bastante explícito en otros pasajes: «Como es posible que abandones la vida en este mismo instante, regula cada acto y cada pensamiento de acuerdo con esta posibilidad. Pero abandonar a los hombres, si existen los dioses, no es nada que se deba temer porque los dioses no nos dejarán en manos del mal; pero si en realidad no existen, o no se preocupan de los asuntos humanos, ¿por qué querría yo vivir en un universo desprovisto de dioses o desprovisto de providencia? Pero en realidad existen, y se preocupan por las cosas humanas, y han puesto todos los medios en manos del hombre para que no caiga en la verdadera maldad».[12]

Más aún, Marco dice de manera muy explícita en un número de pasajes sorprendentemente alto en las *Meditaciones* que no importa si el universo está gobernado por una divinidad providencial (en cualquier forma) o por un caos al azar (como creían los epicúreos), demostrando de esta manera que tenía menos certezas en cuestiones metafísicas que Epicteto. Aquí va un detalle de lo que quiere decir: «Te has embarcado, has realizado el viaje y has llegado a puerto; desembarca. Si se trata de otra vida, no hay necesidad de dioses, ni siquiera allí. Pero si se trata de un estado sin sensaciones, dejarán de sostenerte el dolor y el placer».[13] O considere lo siguiente: «O existe una necesidad fatal y un orden invencible, o una especie de providencia, o una confusión sin propósito y sin director. Si existe una necesidad invencible, ¿por qué resistir? Pero si existe una providencia que se permite ser apaciguada, hazte digno de la ayuda de la divinidad. Pero si existe una confusión sin gobernante, siéntete contento de que en semejante tempestad tengas una cierta inteligencia para gobernarte».[14] ¡No se puede ser más ecuménico que esto!

Considerando nuestra discusión hasta el momento —teniendo en cuenta la insistencia de Epicteto en hablar de Dios, en contraste tan fuerte como mi propio escepticismo—, es posible que se esté preguntando por qué lo he escogido a él como compañero de este viaje de exploración del estoicismo. Es más, puede preguntar razonablemente por qué alguien no religioso está interesado en el estoicismo, teniendo en cuenta lo que caritativamente se puede describir como la ambigüedad del estoicismo ante lo divino. La respuesta se centra en el corazón de lo que creo que hace que el estoicismo sea una filosofía tan atractiva para el siglo XXI.

Yo solía ser un ateo descarado, incluso antes de que se pusiera de moda el Nuevo Ateísmo.[15] Cuando vivía en Tennessee,[16] seguro en mi convicción de que los creacionistas eran poco más que unos paletos rurales que esperaban a que los ilustrase el profesor cosmopolita procedente de Roma, debatí con muchas personas que creían que la Tierra solo tenía unos pocos miles de años de antigüedad. Pero estaba muy equivocado. No sobre la edad de la Tierra —en este sentido, confío totalmente en que mi ciencia triunfará sobre su doctrina religiosa—, sino sobre la esencia de todo el debate. La primera vez que me di cuenta de esto fue después de un debate con Duane Gish, que en aquel momento era vicepresidente del Institute for Creation Research (que, para dejarlo todo claro, no se dedica a nada de eso). Recuerdo que me sentí bastante satisfecho tras haber descargado, o eso creía, un par de golpes retóricos realmente buenos contra Gish durante aquella velada. Pero al finalizar el debate se me acercaron varias personas de su bando que se comportaron muy educadamente conmigo y me dijeron: «¿Sabe?, sigo sin creer que usted tenga razón y la Biblia esté equivocada, pero reconozco que esta noche usted ha sido muy amable y correcto mientras debatía con el doctor Gish». No había impresionado a estas personas por mis astutos argumentos basados en la ciencia, sino simplemente por mostrarme y comportarme como un ser humano decente y no como el capullo que habían esperado.

Desde entonces, me han reiterado este agradecimiento en numerosas ocasiones después de muchos encuentros con creyentes, tanto cristianos como de otras confesiones. Más aún, he aprendido que durante la mayor parte del tiempo existen pocas diferencias entre mi conducta y la de ellos en las actividades de la vida cotidiana. Y si estamos hablando acerca de la mayoría de los creyentes, diferenciándolos de los fundamentalistas, nuestras opiniones en los temas cruciales de ética y política son rara vez muy diferentes, a pesar del hecho de que las mías están basadas en mi ateísmo y las suyas, en su fe. Para expresarlo en términos filosóficos, parece que gran parte de nuestras metafísicas divergentes provocan pocas diferencias en lo que creemos que es importante en la vida, o en cómo nos comportamos con los demás. Si ese es el caso, ¿por qué voy a querer abandonar a mis interlocutores creyentes y unirme a los nuevos ateos en su campamento, donde son tan exclusivos en a quién dan la bienvenida como varios grupos de fundamentalistas religiosos sobre a quién admiten en la Iglesia?

¿Y todo esto qué tiene que ver con el estoicismo? Una de las cosas que me atrajo a él de entrada fue precisamente lo que otros pueden considerar una de sus debilidades: debido a la ambigüedad estoica sobre cómo interpretar el Logos, los estoicos pueden delimitar un campamento muy grande, dando la bienvenida a todo el mundo desde ateos a agnósticos, desde panteístas y panenteístas hasta teístas, siempre que ninguno de estos invitados imponga a los demás su propia visión metafísica. ¿Es usted cristiano, musulmán o practica el judaísmo? Estupendo, puede tratar el Logos como un atributo central de un Dios personal que creó el universo. ¿Su preferencia metafísica se inclina hacia la idea de que Dios está en todas partes y se puede identificar con la naturaleza? Entonces se encontrará como en casa con muchos de los primeros estoicos y su concepción del principio racional del universo. ¿Es usted un agnóstico o un ateo? Si es así, el Logos representa el hecho indiscutible de que el cosmos está realmente organizado de manera racional, aunque aún no sepamos cómo se llegó a esta organización, ya sea por diseño o como resultado ciego de causas y efectos. Si no fuera el caso, entonces se tirarían por la ventana la lógica, las matemáticas y la propia ciencia, y usted cree en ellas, ¿verdad?

Tenga en cuenta que este no es un consejo para la apatía mental o para una mezcla blanda y políticamente correcta de posiciones que desde otros puntos de vista serían incompatibles. Se trata simplemente de darse cuenta de que lo importante en la vida es vivirla bien y que dicho objetivo —la existencia eudaimónica ansiada por los antiguos— depende muy poco de la existencia o no de un Dios, y si hay uno, de los atributos específicos que pueda tener o no. Además, como lo expresó sabiamente Cicerón: «Existen muchas cuestiones en filosofía que aún no han recibido una respuesta satisfactoria. Pero la cuestión de la naturaleza de los dioses es la más oscura y la más difícil de todas. [...] Tan variadas y tan contradictorias son las opiniones de los hombres más instruidos en esta materia como para persuadirnos de la verdad del dicho acerca de que la filosofía es hija de la ignorancia».[17] Esto era cierto hace dos milenios, y a pesar de lo que haya escuchado últimamente, sigue siendo verdad. Así que, ¿por qué no nos ponemos de acuerdo en que no estamos de acuerdo en este tema concreto y seguimos juntos con la seria tarea de vivir una buena vida?

Parte II

LA DISCIPLINA DE LA ACCIÓN: CÓMO COMPORTARSE EN EL MUNDO

7

Solo se trata del carácter (y la virtud)

> Ten cuidado de una cosa, oh hombre: vigila cuál es el precio al que vendes tu voluntad. Si no haces nada más, no vendas barata la voluntad.
>
> EPICTETO, *Disertaciones*, I.2

La otra noche, Epicteto contó una de sus anécdotas favoritas, que utiliza habitualmente para explicar un razonamiento filosófico más amplio. La historia se centra en Helvidio Prisco, un estadista romano (y filósofo estoico, según este relato) que tuvo la fortaleza inusual —y la suerte, hasta que se le acabó— de vivir bajo numerosos emperadores, desde Nerón a Galba, Otón, Vitelio y finalmente Vespasiano. Según nuestro amigo y guía, «Cuando Vespasiano le ordenó que no fuera al Senado, le contestó: "Me puedes prohibir que sea senador, pero mientras sea senador debo ir". "Entonces ven", le replicó, "y quédate en silencio". "No me preguntes y estaré en silencio." "Pero estoy obligado a preguntarte." "Y yo estoy obligado a decir lo que me parezca correcto." "Pero si lo dices, tendré que matarte." "¿Cuándo te he dicho que yo sea inmortal? Tú harás tu parte y yo la mía. La tuya es matarme, la mía morir sin quejarme: la tuya desterrarme, la mía ir al exilio sin gemir." Me preguntas: ¿qué bien le hizo a Prisco ser así? ¿Qué bien le hace la púrpura al vestido? Solo esto, que la púrpura da distinción y destaca como un buen ejemplo para los demás».[1]

Como era de esperar, Vespasiano cumplió su amenaza, Prisco fue desterrado de Roma (por segunda vez en su vida) y poco después fue asesinado por orden del emperador. La pregunta planteada retóricamente por Epicteto, «¿Qué bien le hizo a Prisco ser así?», es tan obvia como difícil de responder. En el caso del senador romano, el resultado de esta conversación no fue nada bueno. Era un ardiente republicano que se negaba a reconocer a Vespasiano como emperador, pero por aquel entonces la causa republicana ya había perdido para siempre y la muerte de Prisco provocó el sufrimiento de otras personas: su esposa Fannia encargó a Herenio Senecio (que formó parte de la oposición estoica a un emperador flavio posterior, Domiciano) que escribiese un panegírico en honor de su esposo asesinado, a consecuencia del cual Senecio también fue asesinado. Y aun así Epicteto tiene razón cuando señala que estos episodios de valor y honor humanos «dan distinción y destacan como ejemplo para los demás». Por eso aún nos asombramos de individuos como Helvidio Prisco casi dos milenios después de su sacrificio.

Existen un montón de historias posteriores e incluso contemporáneas que podría explicar un Epicteto moderno a los estudiantes de filosofía; los nombres de sus protagonistas y los detalles de lo que ocurrió serán diferentes, pero estas historias proporcionarán buenos ejemplos similares de cómo la naturaleza humana no ha cambiado nada desde la época romana, ni para mejor ni para peor. Uno de estos ejemplos es Malala Yousafzai. Su historia es muy conocida, pero vale la pena recordarla. Malala tenía once años cuando empezó a escribir de manera anónima un blog para la BBC que detallaba la dura represión de los talibanes contra la educación de la mujer en el valle de Swat, en Pakistán, donde su familia regentaba una cadena de escuelas. Malala apareció más tarde en un reportaje del *New York Times*, que le proporcionó su fama inicial y la convirtió en objetivo de los talibanes. El 9 de octubre de 2012, un cobarde subió a su autobús escolar, preguntó por ella y le disparó tres veces. Sorprendentemente, Malala sobrevivió al atentado y finalmente se recuperó por completo.

Esta experiencia es suficiente para colocarla al mismo nivel de Prisco y de muchos otros a lo largo de los siglos y en todas las culturas que se han atrevido a oponerse a la represión y la barbarie. Pero resultó que los disparos solo fueron el principio para Malala. A pesar de las amenazas posteriores de los talibanes contra ella y contra su padre Ziauddin, ha seguido hablando alto y claro en público a favor de la educación de las niñas, y su activismo ha sido esencial para que Pakistán aprobase la primera ley sobre el derecho a la educación. En 2014, con diecisiete años, se convirtió en la persona más joven en recibir el Premio Nobel de la Paz. Confío en que seguirá con su lucha en lo que espero sea una vida larga y eudaimónica. ¿Malala ha marcado una diferencia? Sí, tanto en la práctica (en este aspecto ha sido más afortunada que Prisco) como de modelo para otros, de hecho «un buen ejemplo para los demás».

Pero este capítulo no trata de papeles modélicos (iremos a ello muy pronto porque juegan un papel muy importante en el estoicismo), sino sobre la importancia del carácter y el concepto relacionado de la virtud. En la actualidad, estas dos palabras provocan inmediatamente una profunda división, en especial en Estados Unidos, entre la derecha y la izquierda del espectro político. Los conservadores suelen hablar mucho sobre el carácter y la virtud, aunque en realidad no practiquen esta última, mientras que los liberales por reflejo consideran que su valorización no es más que un leve disfraz para unas herramientas de opresión. Más aún, resulta difícil, después de dos milenios de cristianismo, no confundir el significado cristiano de «virtud» con el grecorromano, que lo precedió e inspiró. Aun así, resulta importante establecer esta distinción y nos permitirá volver a las concepciones tanto de carácter como de virtud que creo que superan las diferencias políticas y con las que pueden vivir tanto conservadores como liberales; es más, *deberían* vivir con ellas si realmente les importan los valores que pretenden defender.

Empecemos por analizar la primera introducción de las cuatro virtudes cardinales estoicas y su relación con las versiones modernas inspiradas por el cristianismo. Después veremos las pruebas empíricas de que estas virtudes, o al menos un conjunto muy parecido de rasgos de carácter deseables —que es lo que son las virtudes—, han sido sorprendentemente consistentes a lo largo de diversos períodos y distintas culturas. Aunque solo sea por eso, esto refuerza la idea de que nos estamos ocupando de algo realmente importante para la humanidad como una especie social y cultural.

Los estoicos derivan su interpretación de la virtud de Sócrates, que creía que todas las virtudes son en realidad aspectos diferentes del mismo rasgo subyacente: la sabiduría. La razón por la que la sabiduría es el «bien principal», según Sócrates, es muy sencilla: es la única capacidad humana que es buena en todas las circunstancias.[2] Resulta fácil imaginar otros rasgos deseables que solo son buenos para ciertas circunstancias y que pueden, o incluso deben, abandonarse si cambian las circunstancias. Está claro que ser rico es mejor que ser pobre, estar sano es mejor que estar enfermo y tener educación es mejor que ser ignorante (parejas estándar de indiferentes preferidos y dispreferidos). Pero también necesitamos saber cómo gestionar cada uno de ellos. En otras palabras, debemos tener sabiduría: la capacidad para navegar bien por las circunstancias diversas, complejas y con frecuencia contradictorias de nuestra vida.[3]

Los estoicos adoptaron la clasificación de Sócrates de los cuatro aspectos de la virtud, que consideraban que eran cuatro rasgos de carácter estrechamente relacionados: sabiduría (práctica), valor, templanza y justicia. La sabiduría práctica nos permite tomar decisiones que mejoran nuestra *eudaimonía*, la buena vida (desde el punto de vista ético). El valor puede ser físico, pero en un sentido más amplio se refiere al aspecto moral, por ejemplo la capacidad para actuar bien bajo circunstancias adversas, como hicieron Prisco y Malala. La templanza nos permite controlar nuestros deseos y nuestras acciones para que no nos dejemos llevar por los excesos. La justicia, para Sócrates y los estoicos, no se refiere a una teoría abstracta de cómo se tiene que gobernar la sociedad, sino más bien a la práctica de tratar a los otros seres humanos con dignidad y ecuanimidad.

Un rasgo crucial del concepto estoico (y socrático) de la virtud es que las diferentes virtudes no se pueden practicar de manera independiente: no se puede ser desmedido y valiente, según el significado estoico-socrático de los términos. Aunque tiene todo el sentido que digamos, por ejemplo, que un individuo ha demostrado valor en batalla y aun así bebe en exceso de manera habitual o tiene mal carácter, para los estoicos dicha persona no sería virtuosa porque la virtud es un paquete de todo o nada. Nunca he dicho que la filosofía estoica no sea exigente.

¿Qué hicieron los cristianos con el paquete socrático de las virtudes? Lo adoptaron en su conjunto y lo ampliaron. Tomás de Aquino, uno de los teólogos cristianos más influyentes de todos los tiempos, desarrolló la noción de «virtudes celestiales» en su *Summa Theologiae*, publicada en 1273. Básicamente, Aquino asumió las cuatro virtudes estoicas y añadió tres específicamente cristianas, propuestas en su momento por Pablo de Tarso: fe, esperanza y caridad. De esta manera, el sistema de Aquino presenta cuatro virtudes cardinales y tres llamadas teologales, y organizó las siete de manera jerárquica: la sabiduría era la más importante de las virtudes cardinales (al igual que para Sócrates), pero las cuatro se sitúan por debajo de las virtudes teologales, de las cuales la caridad es la más importante.

Otras culturas han desarrollado, más o menos de manera independiente, su propio conjunto de virtudes como rasgos de carácter socialmente importantes, llegando cada una de ellas a su propia clasificación de las relaciones entre las virtudes. Aun así, resulta interesante que exista una convergencia mucho más intensa de lo que podríamos esperar en esta época en la que con tanta frecuencia se presenta el relativismo cultural como la norma. Un estudio de Katherine Dahlsgaard, Christopher Peterson y Martin Seligman[4] analiza cómo se articula la virtud en el budismo, el cristianismo, el confucianismo, el hinduismo, el judaísmo, el taoísmo y lo que ellos llaman la «filosofía ateniense» (en general Sócrates, Platón y Aristóteles). Descubrieron una cantidad bastante sorprendente de congruencias entre todas estas tradiciones religioso-filosóficas e identificaron seis virtudes «centrales»:[5]

Valor: fuerza emocional que implica el ejercicio de la voluntad para alcanzar las metas ante una oposición externa o interna; los ejemplos incluyen valentía, perseverancia y autenticidad (honestidad).

Justicia: fuerza cívica que subyace en una vida comunitaria sana; los ejemplos incluyen la ecuanimidad, el liderazgo y la ciudadanía o trabajo en equipo.

Humanidad: fuerza interpersonal que implica «atender y cuidar» a los demás; los ejemplos incluyen el amor y la ternura.

Templanza: la fuerza que protege contra los excesos; los ejemplos incluyen el perdón, la humildad, la prudencia y el autocontrol.

Sabiduría: fuerza cognitiva que implica la adquisición y el uso del conocimiento; los ejemplos incluyen la creatividad, la curiosidad, el buen juicio y la perspectiva (dar consejo a los demás).

Trascendencia: fuerza que forja conexiones con el universo más amplio y que de esta manera proporciona significado; los ejemplos incluyen la gratitud, la esperanza y la espiritualidad.

Cuatro de las seis son indistinguibles de las virtudes estoicas. Los estoicos también aceptan la importancia de la «humanidad» y la «trascendencia», aunque no las consideran virtudes, sino más bien como una actitud hacia los demás (humanidad) y hacia el universo en su sentido más amplio (trascendencia). La versión estoica de la humanidad está integrada en su concepto de *oikeiôsis* y de los círculos concéntricos de preocupación planteados por Hierocles, que se encuentran en el centro del concepto cínico-estoico de cosmopolitismo: la idea de que debemos extender la simpatía que sentimos por nuestros parientes a nuestros amigos, conocidos, paisanos y más allá a la humanidad en general (y, según indican algunos estoicos, incluso al sufrimiento de los animales sintientes).

En cuanto a la trascendencia, el Logos estoico implica un sentido de la perspectiva sobre nuestras relaciones con el cosmos y nuestro lugar en él. Este es uno de mis ejemplos preferidos, una meditación que Marco Aurelio se recordaba a sí mismo que debía emprender con regularidad: «Los pitagóricos nos piden en la mirada matinal a los cielos que debemos recordar esos cuerpos que continuamente hacen lo mismo y que realizan de la misma manera su labor, y también que recordemos su pureza y desnudez. Porque no hay ningún velo por encima de una estrella».[6] Me gusta la poesía de esa última frase y yo he realizado la meditación de primera hora de la mañana en diferentes partes del mundo durante mis viajes, descubriendo siempre que se trata de una experiencia reconfortante y un recordatorio saludable del universo tan amplio en el que vivimos y en el que con mucha frecuencia no solemos pensar mientras nos ocupamos de nuestras vidas ajetreadas.

Volviendo a las virtudes, la gran cuestión en este punto no es que el estoicismo tenga razón mientras que otras tradiciones no la tienen, sino que las sociedades humanas que han desarrollado filosofías de vida han llegado repetidamente a una lista sorprendentemente similar de lo que llamamos virtudes. No quiero especular sobre si dicha convergencia tiene sus raíces en la evolución biológica inicial de la humanidad, aunque queda claro en los estudios de primatología comparativa que compartimos con otras especies de primates una serie de comportamientos prosociales que solemos llamar «moral». Dahlsgaard y sus colegas también señalan de pasada que resultados similares a los suyos han aparecido en los pocos estudios existentes sobre las virtudes en las sociedades no literarias; por ejemplo, los inuits del norte de Groenlandia y los masai del oeste de Kenia. Ya sea la biología, la cultura o, con mayor probabilidad, una combinación de ambas, el hecho es que sociedades humanas muy dispares, enraizadas en tradiciones religioso-filosóficas muy diferentes, todas parecen valorar en sus miembros el mismo grupo central de rasgos del carácter, y se trata de los mismos rasgos y actitudes que han estado enseñando los estoicos durante algo más de dos milenios.

Antes he mencionado que según cómo se reaccione ante la palabra *carácter* en la actualidad se ha convertido en un test rápido sobre si la posición política de cualquier persona es conservadora o liberal, con los conservadores insistiendo en que deberíamos volver a destacar el carácter en las escuelas, las familias y el país en general, y los liberales rechazando semejante propuesta porque se trata de un intento no demasiado sutil de mantener los privilegios del hombre blanco, el patriarcado y otras cosas por el estilo. Esto, en mi opinión, es muy desafortunado. Teniendo en cuenta las pruebas de la universalidad del valor que se da al carácter en las culturas humanas, no hay ninguna razón para que el concepto deba quedar asociado a solo un lado del espectro político en el discurso occidental contemporáneo. Epicteto y otros autores antiguos veían el carácter como rasgo en evolución a lo largo del desarrollo psicológico humano y fundamental para nuestra identidad personal: «Deja de lado la toga de senador y viste unos andrajos y aparece en ese papel. Muy bien: ¿ya no puedo desplegar una voz noble? ¿Cómo tienes que aparecer ahora?».[7] Epicteto nos recuerda que sea lo que sea que vistamos a lo largo del día, la toga del senador, el traje de alguien que trabaja en Wall Street o la típica americana con coderas del profesor universitario, el verdadero valor de una persona radica en su núcleo, y dicho núcleo —nuestro carácter— sigue siendo el mismo sin importar el papel que desempeñemos en la sociedad, ya sea por elección, accidente o necesidad.

Por eso resulta crucial para la vida social no solo trabajar para mejorar nuestro carácter, sino ser capaz de evaluar el carácter de las otras personas. En este sentido hay una buena historia sobre Diógenes el Cínico. Un día (presumiblemente antes de convertirse en filósofo a jornada completa, cuando seguía siendo un banquero, nada menos), le pidieron una carta de presentación. Le dijo a su interlocutor: «Eres un hombre, y eso se lo dirán sus ojos; pero si eres bueno o malo lo acabará descubriendo si tiene la capacidad de diferenciar el bueno del malo; y si no tiene esa capacidad, nunca lo descubrirá aunque le escriba diez mil cartas».[8] Epicteto me aclaró este punto para mi beneficio: «De la misma manera un dracma podría pedir que lo presentasen para ser comprobado. Si el hombre es un juez de la plata, te puedes presentar tú mismo. Por eso deberíamos tener algunas facultades para que nos guíen por la vida, como el cambista lo tiene para manejar la plata, que yo sea capaz de decir como dice él: "Dame un dracma, por favor, y sabré distinguirlo"». En otras palabras, nuestro carácter es nuestra mejor carta de presentación, y si se interactúa con buenos jueces de carácter, es lo único que se necesita.

Pensaba en esto mientras presenciaba el desarrollo de las primarias presidenciales de 2016 en Estados Unidos, que por casualidad tuvieron lugar casi al mismo tiempo que las elecciones locales en Italia, incluyendo la elección del alcalde de Roma. Las similitudes entre las elecciones en los dos países eran a la vez sorprendentes y descorazonadoras. Lo que me parecía bastante obvio era que Diógenes habría considerado que la mayoría (aunque no necesariamente todos) de los candidatos importantes —a lo largo del espectro político en los dos países— presentaban deficiencias obvias en el carácter. De acuerdo, es posible que el listón de los cínicos sea imposiblemente alto para la mayoría de los seres humanos, pero aun así, el hueco entre el ideal elevado y la dura realidad me pareció un abismo muy ancho y demasiado profundo para resultar cómodo, considerando que algunas de estas personas iban a ganar realmente las elecciones, y uno de ellos se iba a convertir en el presidente de la nación más poderosa del mundo.

Para ser justo, no es fácil juzgar el carácter de alguien si no lo conocemos personalmente y no tenemos un historial de interacciones repetidas. Pero cuando se trata de figuras públicas muy visibles, los medios de comunicación modernos nos permiten vislumbrar detalles importantes a partir de lo que dicen, cómo lo dicen y, en especial, de cómo actúan. A partir de estos elementos, detecté poco valor o templanza, en la mayoría de los casos gestos vagos hacia la justicia y muy poca sabiduría práctica —posiblemente la más importante de las virtudes— entre los candidatos.

El carácter tiene un papel predecible en la política, con los conservadores destacando el carácter de sus candidatos a expensas de una plataforma programática específica, mientras que los liberales hacen exactamente lo contrario. Pero en la política, como en la vida cotidiana, no existe una clara división entre los dos: desde luego quiero conocer las ideas generales de un candidato presidencial, o de un candidato a alcalde, sobre los temas cruciales a los que seguramente se tendrá que enfrentar si gana las elecciones. ¿Qué opina sobre el cambio climático, las relaciones internacionales, la desigualdad política y económica, los derechos individuales y otros muchos temas? Pero también resulta obvio que una vez en el cargo tendrá que gestionar un paisaje político, económico y social complejo. El destino ha caído sobre él, y para navegar con éxito por ese paisaje se requerirá algo más que algunas ideas generales sobre a dónde queremos llegar, por muy teóricas que puedan sonar. De hecho, se necesitarán exactamente las virtudes fundamentales: el valor de hacer lo correcto en circunstancias difíciles, la templanza para controlar los excesos, un sentido de la justicia al considerar cómo las decisiones van a afectar a las personas, y por supuesto la sabiduría práctica que le permitirá atravesar aguas traicioneras y siempre cambiantes.

Epicteto utilizó una metáfora marinera muy adecuada para destacar este aspecto:

> Para que el timonel encalle su barco no necesita los mismos recursos que para salvarlo: si lo vuelve un poco demasiado hacia el viento, lo pierde; sí, y si no lo hace deliberadamente sino por el mero deseo de llamar la atención, está igualmente perdido. En la vida pasa lo mismo: si te quedas un poco dormido, todo lo que hayas amasado hasta entonces te abandona. Por eso mantente despierto y cuida la impresión que ofreces: no es una nimiedad lo que tienes que guardar, porque se trata del autorrespeto, el honor, la constancia, una mente tranquila, no tocada por la angustia, el miedo o la inquietud, en una palabra, la libertad. ¿A cambio de qué vas a vender todo esto? Mira que lo que vayas a comprar valga la pena.[9]

Tanto las figuras públicas como cada uno de nosotros tiene que cultivar la virtud y el carácter, pero también necesita seguir vigilante para que no naufrague el barco que dirigimos, ya sea todo un país o una vida privada, porque incluso una distracción momentánea y aparentemente inocua puede ser desastrosa. Y sobre todo, tenemos que saber lo que vale nuestra integridad: si decidimos venderla, no debe ser barata. Resulta duro leer estas palabras y no pensar en los escándalos políticos y la corrupción, pero quizá la limpieza debería empezar más cerca de casa, con nuestro comportamiento, con nuestra tendencia —que no reconocemos con demasiada frecuencia— a comprometer los principios por nuestra conveniencia, nuestra falta de valor cuando resulta necesario, nuestro sentido demasiado teórico de la justicia, nuestra templanza que a menudo solo es apariencia, y nuestra sabiduría manifiestamente muy limitada para gestionar lo que la vida pone en nuestro camino.

8

Una palabra muy crucial

> Si muestras esto, un hombre corregirá por sí mismo sus errores; pero mientras no consigas mostrar esto, no te debe sorprender si persiste en sus errores, ya que actúa porque tiene la impresión de que tiene razón.
>
> EPICTETO, *Disertaciones*, II.26

No hace demasiado tiempo acudí al Ghione, uno de los muchos teatros pequeños repartidos por los barrios de la vieja Roma. El espectáculo era una producción de *Medea*, la tragedia clásica de Eurípides, que se estrenó en Atenas en el festival dionisíaco en 431 a.C. En aquel momento, el estreno no fue demasiado bien y Eurípides quedó último en la competición de aquel año. Pero desde luego rio el último. A diferencia de la obra de su rival Euforión, que ganó entonces pero ha quedado en el olvido, *Medea* ha sido la tragedia griega más representada a lo largo del último siglo.

La noche en que asistí a la representación, la maravillosa actriz italiana Barbara De Rossi interpretaba el papel principal. Interpretar a Medea no es una tarea fácil, puesto que la actriz tiene que despertar un sentimiento de simpatía por un personaje que, al fin y al cabo, mata a sus propios hijos en venganza contra su esposo Jasón (el de los argonautas), que acaba de abandonarle por una princesa. Al final de la obra, el coro está tan impresionado (y desde luego lo estaba el público original en Atenas) que, sencillamente, no podía darle un sentido a lo que se acababa de desarrollar sobre el escenario:

¡Muchos son los acontecimientos, Providencia!
Muchos los asuntos sin esperanza que concluyen los dioses.
Lo que esperamos no llega a ocurrir nunca,
lo que no esperamos los dioses hacen que ocurra;
¡así han ocurrido los acontecimientos de toda esta experiencia![1]

La interpretación de De Rossi fue muy elegante, pero por supuesto gran parte del mérito recae en el brillante estudio de Eurípides sobre las fuertes y entrelazadas emociones humanas del amor y del odio. Veamos, previamente Medea había ayudado a Jasón a robar el fabuloso vellocino de oro de su tierra natal, traicionando con ello a su padre y matando a su hermano. Lo hizo por amor y también para escapar de su país «bárbaro» e irse a la civilizada Grecia (recuerde que la obra está escrita por un griego). Una de las características más intrigantes de esta obra es que se puede leer (y se ha leído) como un relato de misoginia y xenofobia (Medea es una mujer y una bárbara) y como una historia protofeminista de la lucha de una mujer en una sociedad patriarcal.

Las pasiones violentas de Medea no parecen concordar demasiado con el supuesto distanciamiento que defienden los estoicos. Aun así, Epicteto se apoya en la historia para destacar algunos aspectos cruciales de la naturaleza humana y de la práctica de la filosofía. Vamos a tardar un poco en volver a Medea, así que no se distraiga.

Resulta que Epicteto topó con el mismo problema que encontré con mis alumnos: realmente quieren estudiar filosofía, pero sus padres les dicen que eso no es práctico, que es una pérdida de tiempo y otras cosas por el estilo. Epicteto dijo: «Esta es la defensa que debemos plantear ante los padres que se enfadan porque sus hijos estudian filosofía: "Supón que estoy en un error, padre mío, e ignoro lo que es mejor y adecuado para mí. Entonces, si esto no se puede aprender ni enseñar, ¿por qué me lo reprochas? Si se puede enseñar, enséñame, y si no puedes, déjame que aprenda de aquellos que dicen que saben. ¿Para qué, piensas? ¿Para que caiga en el mal y fracase en hacer el bien porque así lo quiero?"».[2] Le señalé que dicha conversación está bien, pero que realmente no llega al fondo de la cuestión, que no es solo afirmar que aprender filosofía te convertirá en una persona mejor, sino mostrar convincentemente que lo hace.

Así que Epicteto prosiguió: «¿Cuál es la razón para que aceptemos una cosa? Porque nos parece que es así. Es imposible que consintamos algo que parece que no lo es. ¿Por qué? Porque esa es la naturaleza de la mente: acepta lo que es verdadero y está en desacuerdo con lo que es falso, y se reserva la opinión en lo que es dudoso».[3] Quizá, repliqué, pero un ejemplo actual sería más convincente para mí y en especial para los padres de mis alumnos: «Siente ahora, si puedes, que es de noche. Es imposible. Deja de lado la sensación de que es de día. Es imposible. [...] Cuando un hombre asiente, entonces, ante lo que es falso, debes saber que no tiene el deseo de asentir ante lo falso: "porque a ningún alma se le roba la verdad sin su consentimiento", como dice Platón, pero lo falso le parecía cierto». Pero eso resulta intrigante, ¿no le parece? La cuestión es que nadie se equivoca a propósito. Hagamos lo que hagamos, creemos que es lo correcto que debemos hacer, de acuerdo con el criterio que hemos desarrollado o adoptado para establecer la acción correcta.

Más recientemente, la filósofa Hannah Arendt estableció un argumento similar con su controvertida idea de la «banalidad del mal». *The New Yorker* envió a Arendt a cubrir el juicio de Adolf Eichmann, un *SS-Obersturmbannführer* (teniente coronel) que había sido uno de los oficiales nazis de alto rango encargado de la logística de la llamada solución final para el pueblo judío impulsada por Hitler. Arendt escribió una serie de artículos muy polémicos para la revista sobre el juicio, que se acabaron reuniendo y publicando en su libro esencial *Eichmann in Jerusalem: A report on the banality of evil* [*Eichmann en Jerusalén: Un estudio sobre la banalidad del mal*].

Parte de la controversia radicaba en la idea desarrollada por Arendt de que el «mal» con frecuencia es el resultado de la falta de reflexión, queriendo decir que las personas normalmente no quieren hacer el mal y desde luego no piensan en sí mismas como malvadas. Pero también suelen seguir la opinión general sin un análisis crítico y de hecho —como en el caso de Eichmann— con frecuencia están convencidas de que están haciendo un buen trabajo. El *Obersturmbannführer* estaba orgulloso de la eficiencia con la que trabajaba, sin importarle que el resultado de su labor fuera la muerte de cientos de miles de inocentes en Hungría, donde realizó sus actividades.

Encontré una grabación de la última entrevista concedida por Arendt, en la que intenta clarificar aún más sus ideas sobre la banalidad del mal (algunas traducciones alternativas de las palabras alemanas más importantes aparecen entre corchetes):

> Durante la guerra, Ernst Jünger se encontró con algunos campesinos, y uno de ellos había tomado prisioneros de guerra rusos directamente desde los campos [de concentración], y naturalmente estaban completamente muertos de hambre, ya saben cómo se trataba aquí a los prisioneros de guerra rusos. Y [el campesino] le dijo a Jünger: «Bueno, son subhumanos, como el ganado: mire cómo devoran la comida como el ganado». Jünger comenta sobre esta historia: «A veces parece que el pueblo alemán estuviera poseído por el diablo». Y con ello no se refería a nada «demoníaco». Verá, hay algo terriblemente estúpido [*dumm* = ignorante, necio] en esta historia. Quiero decir que la historia es estúpida, por decirlo de alguna manera. El hombre no ve que eso es precisamente lo que hace la gente que se está muriendo de hombre, ¿de acuerdo? Y cualquiera se comportaría de esa manera. Pero hay algo realmente terrible [*empörend* = estremecedor, repulsivo] en esta estupidez...

> Eichmann era perfectamente inteligente, pero en este aspecto tenía este tipo de estupidez [*Dummheit* = irracionalidad, insensatez]. Era esta estupidez lo que resultaba tan terrible. Y eso es realmente lo que quiero significar con banalidad. No hay nada profundo en ella [la ignorancia], ¡nada demoníaco! Se trata sencillamente de las reticencias a imaginar lo que la otra persona está experimentando, ¿correcto?[4]

Tanto Arendt como Epicteto se están refiriendo a un concepto estoico crucial, que deriva originalmente de Sócrates: las personas no hacen el «mal» a propósito, lo hacen por «ignorancia». Cada vez que digo esto, puedo tener la seguridad de que alguien se sentirá ultrajado. ¿Qué? ¿Estoy diciendo en serio que Hitler no era malo? ¿Cómo puedo ser tan ingenuo? ¿O quizá albergo simpatías cuestionables? Pero como ocurre con muchos términos en filosofía, «maldad» e «ignorancia» no significan exactamente lo que esperamos.

El término «maldad» parece invocar simplemente una categoría metafísica innecesaria. Si sencillamente lo que estamos haciendo es etiquetar un tipo particularmente desagradable de mal comportamiento, entonces tenemos un pequeño problema. Pero es bastante frecuente que cuando hablamos de maldad nos deslicemos hacia una falacia conocida como «reificación» (literalmente, crear una cosa), que cuando hablamos de un concepto significa que le otorgamos una especie de existencia independiente, como si en cierto sentido estuviera «ahí fuera». Tomemos la frase «la maldad personificada», como en «Hitler era la maldad personificada», queriendo decir que era la personificación, la encarnación física, de la maldad. Pero la «maldad» no es una cosa que se caracterice por una existencia independiente. No tiene una consistencia metafísica: se trata simplemente de un resumen de las cosas realmente malas que hace la gente, o del carácter realmente malo que provoca que la gente haga dichas cosas. Así que, en un sentido filosófico importante, la «maldad» no existe (¡pero sí existen las cosas realmente malas!).

Ahora vayamos a analizar el concepto más difícil: la idea de que las personas hacen el mal (en este sentido no metafísico) por «ignorancia». En el diálogo *Eutidemo*, Platón pone en boca de Sócrates: «Solo la sabiduría es el bien para el hombre, la ignorancia el único mal»,[5] una frase que se ha malinterpretado desde entonces. La palabra utilizada por Platón es *amathia*, que, para ser preciso, resulta que no significa «ignorancia». El filósofo Sherwood Belangia ha escrito extensamente sobre este tema y vale la pena considerar su explicación.[6]

Belangia empieza con una conversación (del diálogo de Platón *El primer Alcibíades*) entre Sócrates y su amigo Alcibíades,[7] un general y político ateniense con una hoja de servicios que podríamos considerar más que comprometida desde el punto de vista ético:

> SÓCRATES: ¿Y esta incertidumbre no es una prueba, como ya lo hemos dicho, de que no solo ignoras las cosas más importantes, sino que, ignorándolas, crees saberlas?[8]
>
> ALCIBÍADES: Me temo que sea así.
>
> SÓCRATES: ¡Oh Alcibíades, en qué estado tan miserable te hallas! No me atrevo a darle nombre. Sin embargo, puesto que estamos solos, es preciso decirlo. Estás sumido en la peor estupidez, mi querido amigo, como lo acreditan tus palabras, y como lo atestiguas contra ti mismo. He aquí por qué te has arrojado a la política, antes de recibir instrucción. Y tú no eres el único a quien sucede esta desgracia, porque es común a la mayor parte de los que se mezclan en los negocios de la ciudad, excepto unos pocos y quizá Pericles, tu tutor.

Las dos palabras griegas para «ignorancia» y «estupidez» son, respectivamente, *agnoia* y *amathia*. Entre los atenienses, Alcibíades era uno de los más instruidos —en el sentido normal de la palabra— y era obviamente inteligente, también en el sentido normal. Por eso ninguna de las palabras inglesas *ignorance* [ignorancia] y *stupidity* [estupidez] describe realmente lo que intenta decir Sócrates. En cambio, Alcibíades es imprudente: se ha «arrojado a la política» sin la «educación» adecuada, queriendo decir que carece del tipo de sabiduría que deriva de ser virtuoso. El contraste que establece Sócrates entre su amigo y Pericles es especialmente esclarecedor: Pericles era un orador ateniense famoso no solo por ser culto e inteligente, sino también sabio. Eso es lo que lo convertía en un buen político y eso es lo que echa en falta —trágicamente, como resulta al final— en Alcibíades. Por eso la mejor traducción de *amathia* debería ser falta de sabiduría, lo opuesto de *sophia*, la palabra que está en la raíz de «filosofía».

Belangia añade como aclaración: «*A-gnoia* significa literalmente "no saber"; *a-mathia* significa literalmente "no aprender". Además del tipo de *amathia* que es una incapacidad para aprender, existe otra forma que es la negativa a aprender... En un ensayo titulado "On stupidity", Robert Musil distingue entre dos formas de estupidez, una que llama "del tipo honorable" por la falta de una capacidad natural y otra, de un tipo mucho más siniestro, que llama la "estupidez inteligente"».[9]

Belangia también cita al filósofo Glenn Hughes, que presenta otra aclaración adicional del concepto de *amathia* y lo conecta con la Alemania nazi.[10] Para Hughes, la «estupidez inteligente» no era «tanto una falta de inteligencia como un fracaso de la inteligencia, por la razón que presume de unos logros a los que no tiene derecho». La estupidez inteligente «no es una enfermedad mental, aunque es muy letal; una enfermedad peligrosa de la mente que pone en peligro la propia vida». El peligro radica «no en una incapacidad para comprender sino en una negativa a comprender, [y] cualquier cura o reversión de ella no tendrá lugar a través de argumentos racionales, a través de una mayor acumulación de datos y conocimientos, o a través de la experiencia de sentimientos nuevos y diferentes». En cambio, la estupidez inteligente es una «enfermedad espiritual» y necesita una cura espiritual.

Así que parece que *amathia* es una palabra crucial que falta en los vocabularios inglés y castellano. Es lo opuesto a sabiduría, una especie de des-conocimiento de cómo tratar con los otros seres humanos y tiene como resultado acciones terribles perpetradas por seres humanos que en otros aspectos son perfectamente funcionales e inteligentes. Más aún, a las personas caracterizadas por la *amathia* no se las puede persuadir simplemente con argumentos razonados, porque comprenden el argumento, pero tienen una deficiencia crucial en su carácter que, como nos han demostrado los estoicos, se ha desarrollado a lo largo del tiempo con una combinación de instintos, influencias ambientales (en especial la orientación de la familia) y la razón. Si algo va mal en los primeros estadios del desarrollo de una persona, es difícil que la razón por sí sola consiga rectificar la *amathia* resultante en un estadio más avanzado de su vida.

Esto nos lleva finalmente de vuelta a *Medea*. Epicteto me recordó lo que Eurípides hace decir a Medea:

> *Conozco muy bien los males que pretendo hacer*
> *pero la pasión desborda lo que me indica el buen juicio.*[11]

Epicteto añadió: «Aquí ella considera que la gratificación de la pasión y la venganza que se cobra en su esposo le resulta más provechosa que salvar a sus hijos».[12] Sí, repliqué, pero está claro que se engañaba. «Entonces, ¿por qué te indignas con ella, porque, mujer desgraciada, resulta engañada en el tema más importante y se ve transformada de ser humano en serpiente? Por el contrario, ¿por qué no sientes lástima por ella, si quieres sentir algo? Como sentimos lástima por el ciego o el cojo, así debemos sentir lástima por los que están cegados o cojos en sus facultades más soberanas. Diré que el hombre que recuerda esto no se enfadará con nadie, no se indignará con nadie, no denigrará a nadie, no acusará a nadie, no odiará a nadie, no ofenderá a nadie.»

Se trata de un análisis profundo y asombroso de la condición humana. También muestra el grado de compasión que la opinión popular asocia mucho más con el cristianismo, por ejemplo, que con el estoicismo. Pero aun así el que está hablando es Epicteto, el esclavo convertido en maestro. Medea sabía que estaba mal hacer sufrir a sus hijos para castigar a Jasón, pero la emoción (la venganza), no la razón, la empujó a actuar como lo hizo. Epicteto aconseja piedad, no indignación o rabia, como la actitud adecuada hacia Medea porque no es «mala», tenga el significado que tenga la palabra, sino una persona que carece de algo importante, como una persona tullida (la misma palabra que utiliza Epicteto para describir su propia condición). En concreto, Medea carece de sabiduría y está afectada por la *amathia*, esa especie de des-conocimiento que provoca que las personas normales establezcan juicios poco razonables sobre ciertas situaciones que las conducen a cometer actos que los observadores perciben como horribles. Si interiorizamos esta actitud estoica —o sus equivalentes en el budismo o el cristianismo— no nos enfadaremos o indignaremos con nadie; no habrá nadie a quien injuriemos, acusemos, odiemos u ofendamos. Considero que el mundo resultante resultaría significativamente mejor que este en el que vivimos en la actualidad.

Epicteto sigue reflexionando sobre las razones por las que piensa que las personas como Medea son figuras tan trágicas:

> Cada error implica un conflicto; porque como quien yerra no quiere equivocarse sino hacer lo correcto, sencillamente no está haciendo lo que desea. Porque ¿qué es lo que quiere hacer el ladrón? Lo que satisface su interés. Entonces, si el robo va en contra de su interés, no está haciendo lo que desea. Pero a toda alma racional, por naturaleza, no le gusta el conflicto; y por eso, mientras un hombre no entienda que está en conflicto, no existe nada que pueda evitar que cometa actos conflictivos, pero cuando lo entiende, la más fuerte necesidad le obliga a abandonar el conflicto y evitarlo.[13]

Es decir, Medea no quería equivocarse, sino que simplemente estaba convencida de que estaba haciendo lo correcto. Estoy seguro de que Epicteto argumentaría que lo mismo era válido para Eichmann, a pesar de la enorme diferencia entre Medea y él por las circunstancias, las razones aparentes para actuar y los resultados finales.

Los psicólogos modernos han descubierto un fenómeno pertinente conocido como disonancia cognitiva, una condición que fue descrita por primera vez por el psicólogo Leon Festinger. La disonancia cognitiva es un estado psicológico muy incómodo que tiene lugar cuando alguien es consciente del conflicto entre dos opiniones que cree que son igualmente ciertas. A las personas no les gusta experimentar la disonancia cognitiva, de la misma manera que Epicteto decía que a la gente no le gusta estar conscientemente equivocada. Por eso reduce la disonancia respaldando cualquier explicación que despliegue lo que cree que son buenas razones para llegar a una opinión sensata, aunque para los demás dichas razones y juicios puedan parecer racionalizaciones obvias e incluso absurdas. En el siglo VI a.C., Esopo describió deliciosamente esta situación en su famosa fábula de la zorra y las uvas.

La verdad incómoda es, de nuevo, que las personas que sufren de disonancia cognitiva no son estúpidas ni ignorantes. Conozco a muchos individuos inteligentes y muy cultos que, aun así, rechazan la teoría de la evolución de Darwin, una de las teorías científicas más firmemente establecidas de todos los tiempos. *Tienen* que rechazarla porque parece que se encuentra en un conflicto irreconciliable con la Biblia, el punto de referencia de toda su vida como cristianos devotos. Si llegamos a la conclusión de que o Darwin tiene razón o la palabra de Dios es verdadera, entonces es perfectamente natural —incluso racional— para algunos elegir a Dios y no a Darwin. Epicteto no se habría sorprendido, ni debería haberme sorprendido yo cuando me encontré por primera vez cara a cara con creacionistas fundamentalistas. Pero en aquel momento era mucho más joven (¿y algo menos sabio?). Como ha observado el escritor Michael Shermer, cuanto más inteligente es una persona, mucho mejor es en la racionalización de las fuentes de sus disonancias cognitivas.[14] Los teóricos de las conspiraciones, por ejemplo, con frecuencia son brillantes al explicar lo que los demás perciben como agujeros enormes en sus teorías de cómo funciona *realmente* el mundo.

Entonces, ¿qué se puede hacer? Una vez más, en este aspecto puede ayudarnos la investigación psicológica. Sabemos que la mejor manera de ayudar a los estudiantes para que cambien su punto de vista conceptual sobre las nociones científicas es *aumentar* a propósito sus disonancias cognitivas hasta que se sientan tan incómodos que buscarán por sí mismos más información y nuevas fuentes para resolver el conflicto.[15] Esto, por supuesto, no siempre es posible —dudo que hubiera tenido éxito con Medea o Eichmann—, pero la noción nos proporciona una buena comprensión de lo que está pasando y de qué se puede hacer con ello, si es que se puede hacer algo.

Aun así, me preocupa el mismo tipo de cosas que preocupaba a los críticos de Hannah Arendt: la idea de la banalidad del mal, de la *amathia*, ¿no está peligrosamente cerca de convertirse en una excusa para los comportamientos terribles? En última instancia, ¿no nos anima a responder pasivamente al «mal»? Como es natural, Epicteto también tuvo en consideración este aspecto: «"Alguien te injurió." Hay que darle las gracias por no golpearte. "También te golpeó." Hay que darle las gracias por no herirte. "Pero te hirió." Hay que darle las gracias por no matarte. Porque cuándo, o en qué escuela, aprendió "que el hombre es una criatura amable y sociable y que hacer el mal por sí mismo provoca un gran daño en quien lo practica". Entonces, si no lo ha aprendido o no está convencido de ello, ¿por qué no iba a seguir lo que parece ser su interés?».[16]

Si esto no le suena a «poner la otra mejilla», no sé qué podría hacerlo. Pero Epicteto no se detiene aconsejando aguante y paciencia, aunque ciertamente también lo hace:

en realidad realiza un diagnóstico de lo que está yendo mal. El que hace el mal no comprende que en primer lugar y por encima de todo se está haciendo daño a sí mismo, porque sufre de *amathia,* falta de conocimiento de lo que es realmente bueno para él. Y lo que es bueno para él es lo mismo que es bueno para todos los seres humanos, según los estoicos: aplicar la razón para mejorar la vida social.

En lo que se refiere al resto de nosotros, recordar que la gente hace cosas malas por falta de sabiduría no solo es un recordatorio para ser compasivos con los demás; también nos dice constantemente cuán importante es aumentar la sabiduría.

9

El papel de los modelos

> Qué habría sido Heracles si hubiera dicho «¿Cómo voy a evitar que aparezca un gran león, o un gran jabalí u hombres brutales?». ¿Qué importancia tiene?, me pregunto. Si aparece un gran jabalí, podrás librar una lucha más grande; si aparecen hombres malvados, liberarás al mundo de los hombres malvados.
>
> EPICTETO, *Disertaciones*, IV.10

El 13 de octubre de 1992 estaba viendo el debate de los vicepresidentes de la campaña electoral americana. Un par de años antes me había traslado de Roma a Estados Unidos y la idea de los debates televisados como *infotainment** era muy nueva para mí. Sobre el escenario había tres hombres: Al Gore y Dan Quayle, dos políticos profesionales, y un tipo extraño llamado James Stockdale. No fue una buena velada para Stockdale, que empezó el debate con las divertidas preguntas «¿Quién soy? ¿Por qué estoy aquí?». La gente pensó al principio que estas cuestiones eran una manera encantadora de demostrar modestia, pero rápidamente mostró que en realidad tenía muy poca idea de lo que estaba ha-

* Concepto televisivo que entiende la información como entretenimiento. *(N. del T.)*

ciendo allí. Parecía ridículo, pero poco podía imaginar que Stockdale acabaría por convertirse en uno de mis modelos a seguir, unas décadas después de aquella noche y casi diez años después de su muerte. Verán, Stockdale era un estoico moderno y vale la pena explicar su historia.

Para ello debemos volver al 9 de septiembre de 1965. La implicación norteamericana en la guerra de Vietnam había empezado en serio durante el año anterior, tras el extraño «incidente» del golfo de Tonkín: los buques de guerra estadounidenses abrieron fuego contra la nada en medio de la noche y el presidente Lyndon Johnson lo utilizó como la excusa oficial para empezar los bombardeos «de represalia» contra Vietnam del Norte. Al oír las noticias, Stockdale, que era comandante del Escuadrón de Caza 51 de la Armada de Estados Unidos y que estaba destinado en ese momento en Tonkín, comentó: «¿Represalia por qué?». Le ordenaron que guardara silencio.

El 9 de septiembre, Stockdale estaba volando sobre Vietnam del Norte cuando fue derribado y capturado. Pasó siete años y medio en el llamado Hanoi Hilton, soportando un calvario que incluyó palizas y torturas, así como que le pusieran regularmente grilletes de hierro y lo confinaran en una celda de un metro por tres metros sin ventanas. A pesar de estas circunstancias increíblemente difíciles, Stockdale consiguió organizar a sus compañeros en prisión, creando e imponiendo un código de conducta para regular su comportamiento. Más aún, con el objetivo de que los norvietnamitas no lo utilizasen para hacer propaganda, se cortó el cráneo con una cuchilla, para desfigurarse, y cuando eso no funcionó, se golpeó la cara contra un taburete para que se le hinchase y resultara inútil para el enemigo. En cierto momento incluso se cortó las muñecas para evitar que lo torturasen y pudiera revelar las actividades clandestinas de sus compañeros. Al final, Stockdale fue liberado y regresó a Estados Unidos en unas condiciones físicas terribles. No obstante, empezó a recuperarse y en 1976 recibió la Medalla de Honor, la condecoración militar más importante en reconocimiento por sus actos de valor más allá del deber.

Cuando en una entrevista le preguntaron quiénes no consiguieron salir del Hanoi Hilton, Stockdale contestó:

> Oh, eso es sencillo, los optimistas. Oh, eran los que decían: «Saldremos para Navidades». Y las Navidades venían y las Navidades se iban. Entonces decían: «Saldremos por Pascua». Y llegaba la Pascua y la Pascua se iba. Y después el día de Acción de Gracias y después eran de nuevo las Navidades. Y murieron a causa del corazón roto... Esta es una lección muy importante. Nunca se debe confundir la confianza en que al final triunfarás —que nunca puedes permitirte el lujo de perder— con la disciplina para enfrentarse a los hechos más brutales de la propia realidad actual, sea cual sea.[1]

El entrevistador se refirió a esto como la Paradoja Stockdale, pero también habría podido atribuirla a su fuente original: Epicteto. En 1959, la Armada había enviado a Stockdale a estudiar a la Universidad de Stanford para seguir un máster en relaciones internacionales y, sorprendentemente, en pensamiento marxista comparado. Como se aburría bastante con sus estudios oficiales, realizó una incursión en el Departamento de Filosofía. Allí conoció al profesor Phil Rhinelander, que cambió profundamente la vida de Stockdale. El estudiante de la Armada se apuntó al curso de Rhinelander de dos semestres, «Los Problemas del Bien y del Mal», a mediados del primero. A fin de recuperar el tiempo, el profesor le ofreció a Stockdale una tutoría personal en su despacho para alcanzar el nivel de los demás estudiantes. En su última sesión, Rhinelander cogió un ejemplar del *Manual* de Epicteto y se lo entregó a Stockdale diciéndole: «Como militar creo que tendrá un interés especial en él. Federico el Grande nunca salía de campaña sin un ejemplar de este manual en su equipaje». Stockdale acabó leyendo muchas veces tanto el *Manual* como las *Disertaciones*, y después reconoció que Epicteto le había salvado la vida en Vietnam al proporcionarle la fuerza moral para superar su calvario, así como la lucidez racional para ver lo que podía y lo que no podía hacer durante el mismo. Fue una aplicación terrible de la dicotomía estoica del control. En 1981, Stockdale se convirtió en profesor de la Hoover Institution, con sede en Stanford, y durante doce años escribió y disertó extensamente sobre estoicismo.[2]

Nada de lo que van a leer a continuación se debe considerar ni una defensa de la intervención norteamericana en Vietnam (que Stockdale sabía que se basaba en una mentira) ni un intento de demonizar a los norvietnamitas. Se trata solo de una historia humana personal sobre la que todos deberíamos reflexionar. Stockdale comprendió una verdad importante sobre la guerra que se aplica a la vida en general: mantener la moral alta y conservar el autorrespeto son más importantes que los hechos sobre el terreno, ya sean las armas de ambos bandos (en el caso de la guerra) o las circunstancias de nuestra vida cotidiana. No obstante, hacerlo implica un juego mental y por eso es tan útil el estoicismo: se trata de uno de los grandes juegos mentales centrados en mantener la moral alta y el autorrespeto.

La primera prueba real para Stockdale llegó cuando fue derribado aquel 9 de septiembre. En sus propias palabras: «Después de saltar tuve unos treinta segundos para realizar mi última declaración en libertad antes de aterrizar en la calle principal de la pequeña aldea que tenía justo debajo. Y así me susurré a mí mismo: "Me quedan por lo menos cinco años por delante. Estoy abandonando el mundo de la tecnología y entrando en el mundo de Epicteto"».[3]

En cuanto aterrizó y fue capturado, Stockdale comprendió muy bien la dicotomía del control de Epicteto, en especial en todo lo que hacía referencia a su posición en la vida. En cuestión de minutos pasó de ser un oficial admirado, al mando de cien pilotos y más de mil hombres, a «llevar cadenas» y ser denigrado como un criminal. Tras librarse rápidamente del paracaídas, lo rodearon una docena de hombres:

«Cuando dejaron de derribarme, golpearme, retorcerme e inmovilizarme, y eso duró tres o cuatro minutos antes de que el tipo con el salacot tocara el silbato, tenía una pierna rota de mala manera y estaba seguro de que me acompañaría el resto de mi vida. Y esa suposición resultó cierta».[4] Más tarde también recordó que Epicteto había quedado tullido para toda su vida después de que su primer amo le rompiera la pierna y que su afirmación sobre ese hecho había sido: «La cojera es un impedimento de la pierna, pero no de la voluntad; y te tienes que decir lo mismo con todo lo que te ocurra. Porque descubrirás que será un impedimento para alguna otra cosa, pero en realidad no lo será para ti mismo».[5] Stockdale dispuso de siete años y medio más para apreciar en su justa valía cuánta razón tenía el filósofo griego.

Cuando lo llevaron al Hanoi Hilton, Stockdale ya había tomado la decisión de hacer precisamente lo que aconsejaba Epicteto: jugar con todas sus capacidades la parte que le había adjudicado el destino. Siempre tuvo en mente que sus enemigos solo conseguirían ganar si sucumbía a dos cosas: el miedo y la pérdida del autorrespeto. Stockdale estudió a sus captores y en especial al hombre que era el encargado de torturarlo. Como hubieran visto tanto Epicteto como Arendt de haber estado allí, llegó a comprender que el hombre no era malvado, sino que realizaba su trabajo con lo que consideraba como integridad. Quizá de manera sorprendente, Stockdale no desarrolló odio, sino respeto por él. La labor del torturador es quebrantar el espíritu del prisionero, aterrorizarlo. Sabiéndolo, Epicteto llegó a la única respuesta posible: «Cuando un hombre que no pone su voluntad ni en morir ni en vivir a toda costa, está en presencia del tirano, ¿qué va a impedir que no tenga miedo? Nada».[6]

Gracias a haber interiorizado la filosofía de Epicteto, Stockdale era un hombre con una misión, incluso en prisión y con una pierna rota. Creó una sociedad secreta de prisioneros a la que, como el oficial de mayor rango, haría todo lo posible por dar las órdenes más adecuadas para resistir al enemigo. Les dio a sus soldados consejos prácticos sobre lo que estaba o no estaba permitido admitir bajo tortura. Al darse cuenta de que la política oficial del gobierno de Estados Unidos de ofrecer al enemigo solo el nombre, el rango, el número de identificación y la fecha de nacimiento haría que los matasen rápidamente, Stockdale planteó una guía alternativa de cosecha propia, que incluía no hacer ninguna reverencia en público ni admitir ningún crimen, todo lo cual estaba destinado a evitar los intentos de los norvietnamitas de explotar a los prisioneros con objetivos propagandísticos. De esta manera, las grabaciones de propaganda que salieron a la luz tuvieron un efecto contrario, porque muchos soldados utilizaron su aparición en las películas para hacer chistes a costa de sus captores. En una ocasión, Nels Tanner, un amigo de Stockdale, respondió a la demanda de los nombres de pilotos que habían devuelto sus alas* para expresar su oposición a la guerra, proporcionando dos: los tenientes Clark Kent y Ben Casey.[7] Tanner sufrió las consecuencias de su desafío: tres días sucesivos de garrucha, seguidos de 123 días de grilletes y aislamiento.

Al final, los norvietnamitas descubrieron el funcionamiento interno de la resistencia en el seno del grupo americano y enviaron a Stockdale y a otros nueve a un confinamiento solitario por períodos que fueron de los tres años y medio a más de cuatro años. Otro de los compañeros de Stockdale, Howie Rutledge, se incorporó a un programa de máster cuando consiguió volver a casa y redactó una tesis sobre si era la tortura o el confinamiento solitario lo que más probablemente podía quebrantar el espíritu de una persona. Para reunir los datos de la investigación envió cuestionarios a sus compañeros y a otras personas que habían sido prisioneros de guerra. Los resultados fueron sorprendentes: los que habían pasado menos

* En las fuerzas aéreas de cualquier país, la devolución simbólica de las alas que caracterizan la insignia de los pilotos equivale a una dimisión y el abandono del ejército. *(N. del T.)*

de dos años en confinamiento decían que la tortura era lo peor; los que habían pasado más de dos años en aislamiento decían que esta última experiencia superaba incluso a la tortura. Esto es así porque, después de pasar tanto tiempo sin ver a nadie, una persona necesita desesperadamente amigos, sin importar quiénes son ni su ideología ni su postura política. Stockdale interpretó los descubrimientos de Rutledge a la luz de las enseñanzas de Epicteto: que es la vergüenza y no el dolor físico lo que derriba realmente al ser humano. Cuando superó la misma experiencia, recordó que, a la pregunta sobre cuál iba a ser el fruto de todas sus enseñanzas, Epicteto replicó: «Tranquilidad, audacia y libertad».[8] Ciertamente, eso se hizo realidad para James Stockdale.

Una cuestión importante es si fue realmente el estoicismo lo que proporcionó a Stockdale su invulnerabilidad a la tortura y al aislamiento, o si el estoicismo fue simplemente una racionalización *a posteriori* de los hechos que fueron el resultado de su carácter innato. Una manera más filosófica de decir lo mismo: ¿se puede enseñar la virtud o cada persona nace con la virtud que tiene? No solo los antiguos griegos debatieron este tema con todo detalle, sino que la biología y la psicología del desarrollo modernas han descubierto una cantidad significativa de pruebas empíricas que son muy relevantes para este asunto.[9]

En el *Menón* de Platón, el personaje del mismo nombre le pregunta a Sócrates: «¿Podrás, Sócrates, decirme si la virtud se puede enseñar; o si no pudiendo enseñarse, se adquiere solo con la práctica, o en fin, si no dependiendo de la práctica ni de la enseñanza, se encuentra en el hombre naturalmente o de cualquier otra manera?».[10] Después de una larga discusión, Sócrates concluye que es posible que «la excelencia» (o virtud) se pueda enseñar en principio, pero como no se encontrará en ningún sitio un maestro que la enseñe, en la práctica no se puede. Entonces, esto significa que las personas que la tienen probablemente adquirieron una propensión a la misma como un don de nacimiento. Aristóteles, sin embargo, tiene ideas diferentes. Realiza una distinción crucial entre virtud *moral* y virtud *intelectual*; la primera surge de una disposición natural y de un hábito adquirido durante el crecimiento y la segunda es el resultado de la reflexión en una mente madura. De ello se deriva que hay tres fuentes de virtud: una parte deriva de nuestro don natural, otra parte se obtiene del hábito, en especial en los primeros años de vida, y una parte se puede adquirir intelectualmente y por ello se puede enseñar.

Este modelo «mixto» de la adquisición de la virtud funciona muy bien con la filosofía estoica y también cuenta con el favor de la investigación moderna en el campo de la psicología cognitiva. Los estoicos, como hemos visto, sostienen un modelo desarrollista de la moralidad y creen que de manera natural estamos equipados con la capacidad de tener respeto no solo por nosotros mismos sino también por los que nos cuidan y por otras personas con las que mantenemos un contacto regular durante los primeros años de vida. No obstante, cuando llega la edad de la razón, cuando tenemos unos siete u ocho años, podemos empezar a fortalecer nuestro carácter virtuoso por dos medios: el hábito y (más a medida que avanza la vida) la reflexión filosófica explícita.

En la psicología moderna, quizá el intento más famoso de dar un cuadro general de cómo se desarrolla moralmente una persona es la teoría de Lawrence Kohlberg de las seis etapas del desarrollo moral, que parte de la obra original de Jean Piaget y de un número considerable de pruebas empíricas modernas. Las seis etapas descritas por Kohlberg se agrupan en tres fases: moral preconvencional (que empieza con la etapa regulada por la obediencia y el castigo, y después pasa a la etapa de la autoorientación), moral convencional (de la etapa del acuerdo y la conformidad interpersonal a una de mantenimiento del orden social y respuesta a la autoridad) y moral posconvencional (de la etapa de respuesta ante un contrato social perceptible a una de adhesión a unos principios éticos universales). La teoría de Kohlberg ha recibido críticas en diversos aspectos, incluyendo un exceso de énfasis en la toma de decisión racional y en el concepto ético de justicia (como opuesto a, respectivamente, el papel del juicio instintivo y el de otras virtudes éticas, como cuidar de los demás).[11] Pero parece ser bastante consistente en toda una serie de culturas, incluso aunque las personas atraviesen las diferentes etapas a ritmos diferentes, y las distintas culturas enfaticen algunos aspectos del modelo más que otros. Aun así, no es necesario que adoptemos una teoría moderna específica del desarrollo moral y psicológico para estar de acuerdo con la idea general de que obtenemos nuestra ética de una combinación de instintos, formación y —para todos los que estén inclinados a ello— reflexión crítica explícita. Esta teoría está de acuerdo con descubrimientos similares realizados por los biólogos que estudian las interacciones genético-ambientales en una variedad de organismos vivos: rasgos complejos, en especial los del comportamiento, parece que casi siempre se desarrollan a través de una retroalimentación continua de genes y entorno, la naturaleza mezclada con la educación. Y por supuesto, para los seres humanos un aspecto importante del entorno es la cultura y las interacciones sociales con otros miembros de nuestra especie.[12] Esto es todo lo que necesitamos para volver al estoicismo.

Las figuras que constituyen un modelo, como James Stockdale, Paconio Agripino, Helvidio Prisco y Malala Yousafzai, destacan la idea de que el estoicismo es una filosofía práctica, no una teorización abstracta. Aunque el estoicismo planteaba, por supuesto, los principios éticos que deben regir nuestro comportamiento y nuestra vida para llevar una vida eudaimónica, su énfasis se centraba en cómo se comportan las personas reales, no solo en cómo hablan. Por eso, observar e imitar los modelos es una manera importante para trabajar en nuestra propia virtud. Hacemos algo parecido en las sociedades modernas cuando señalamos ciertas figuras públicas como modelos a seguir para las generaciones más jóvenes. El problema en la actualidad es que, en general, somos bastante malos al escogerlos. Glorificamos a actores, cantantes, atletas y «celebridades» en un sentido amplio, que, como era de esperar, nos decepcionan cuando resulta que su excelencia al interpretar, cantar, jugar al baloncesto, conseguir «me gustas» en Facebook y seguidores en Twitter no tiene nada que ver con su fibra moral.

Un problema similar surge con el uso contemporáneo y altamente inflado de la palabra «héroe», en especial en Estados Unidos. Algunas personas valientes que están dispuestas a sacrificarse por el bien común merecen realmente dicho apelativo (aunque no es necesario que se recluten de manera casi exclusiva de las filas de los militares o la policía). Pero alguien que muere, por ejemplo, como consecuencia de un ataque terrorista no es un héroe: es una víctima. Probablemente no demostró valentía ni se sacrificó por los demás; solo tuvo la mala suerte de estar en el lugar equivocado en el momento más inoportuno. Desde luego deberíamos lamentar su muerte, pero calificarlo de «héroe» no hace justicia a lo que ocurrió en realidad, y es una gran injusticia para los héroes de verdad, confundiendo a la gente sobre el significado real del término.

Otra de las cosas que se deben recordar sobre estos modelos —y que los estoicos comprendieron muy bien— es que no son seres humanos perfectos, por la sencilla razón que estos no existen. Es más, al hacer que la perfección forme parte integral de nuestro concepto de modelo de conducta significa que estamos situando el nivel a una altura imposible. Algunas religiones hacen precisamente esto. Para los cristianos, el modelo del buen comportamiento universal es Jesús, pero se trata de un ejemplo muy difícil de seguir como para imitarlo realmente, ya que los creyentes están intentando ser literalmente como un dios. Abocados al fracaso, debemos aceptar la misericordia de la divinidad como nuestro camino hacia la salvación.

Los estoicos, eminentemente prácticos y buenos conocedores de la psicología humana, adoptaron un enfoque diferente. Séneca escribió un ensayo sobre la naturaleza de la persona sabia, el modelo de estoico ideal.[13] Así es como respondió a sus críticos que creían que estaba colocando el nivel demasiado alto para que alguien pudiera llegar a ser realmente sabio: «No tenéis ninguna razón para decir, como decís, que no se puede encontrar en ningún sitio un sabio como el que proponemos; no lo hemos inventado como una gloria irreal de la raza humana, ni hemos concebido una sombra poderosa de una mentira, sino que lo hemos mostrado y lo mostraremos tal como lo hemos definido, aunque quizá sea poco común, y solo aparezca a largos intervalos; porque lo que es grande y trasciende el tipo ordinario habitual no se produce con frecuencia; pero este es el propio Marco Catón, cuya mención empezó esta conversación, que era un hombre que creo que incluso superó nuestro modelo».

Marco Catón, conocido como Catón el Joven, era un senador romano y oponente político de Julio César.[14] Catón era un aristócrata romano y como tal, un producto de su época. Era incapaz de ver, por ejemplo, que la República romana que tenía totalmente idealizada era muy injusta (aunque no tanto como llegaría a serlo bajo el imperio que intentaba evitar) y se fundaba en la esclavitud y la conquista militar. Por ejemplo, en el año 72 a.C., se presentó voluntario para luchar contra el esclavo rebelde Espartaco, dejando claro que no se había parado a pensar que la revuelta podía ser una reacción contra una injusticia extrema. Como la mayoría de los romanos, probablemente tampoco le preocupaba demasiado la posición claramente inferior que tenía la mujer en esa sociedad. En otras palabras, fracasaría de manera espectacular en un test moderno como ejemplo a seguir. Pero esa sería exactamente la manera equivocada de evaluarlo, porque sería un intento de convertirlo en una figura divinizada capaz de hacer lo que ningún ser humano puede: trascender totalmente sus orígenes. En cambio, deberíamos valorarlo según el estándar de su propia cultura y época. Según dicho estándar, era sin duda un modelo a seguir.

Catón fue un individuo muy especial. A los catorce años preguntó a su tutor Sarpedón por qué nadie actuaba para detener las acciones ilegales del dictador Lucio Cornelio Sila, a lo que Sarpedón contestó que la gente temía más a Sila de lo que lo odiaba. Entonces Catón replicó: «Dame una espada para que pueda liberar a mi patria de la esclavitud». Sarpedón no dejó que Catón volviera a jugar sin vigilancia cuando se encontraba en Roma, solo por si acaso. Después de empezar a estudiar el estoicismo, Catón vivió muy modestamente, a pesar de la riqueza que había heredado. Cuando se le otorgó un mando militar en Macedonia con veintiocho años, marchó con sus hombres, compartiendo su comida y alojamiento. Como consecuencia, sus legionarios lo adoraban. Más tarde, durante su carrera política, Catón se ganó con rapidez la reputación de incorruptible, un rasgo muy poco habitual en esa época o en cualquier otra. Como cuestor, persiguió a los confidentes de Sila por apropiación ilegal de bienes y por asesinato. Cuando lo enviaron a Chipre, gestionó las finanzas públicas con una integridad absoluta (lo que volvía a ser algo muy raro), recaudando 7.000 talentos de plata para el tesoro de la República. Para apreciar la enormidad de la suma, debemos considerar que el talento romano pesaba 32,3 kilogramos y que un solo talento ático, que era más pequeño, era suficiente para pagar el trabajo especializado de nueve hombres durante un año, o lo que era equivalente, el salario mensual de los doscientos hombres de la tripulación de un trirreme.

Al final, Catón entró en conflicto directo con Julio César, que seguía los pasos de Sila y declaró la guerra contra el Senado romano al cruzar el río Rubicón con una de sus legiones, que fue la ocasión en la que pronunció sus famosas palabras: «*Alea jacta est*» (La suerte está echada). El resto, como se suele decir, es historia: las fuerzas de César, después de un revés inicial, derrotaron al ejército del Senado en Farsalia, Grecia. Catón se negó a rendirse y se retiró a Útica, en el Túnez moderno. César persiguió a Catón y a sus aliados y ganó una última batalla decisiva en Tapso. Catón, negándose a que el enemigo lo capturase vivo porque lo habría utilizado para conseguir una ventaja política, tomó la decisión más romana: intentó suicidarse con su daga. Plutarco nos cuenta el resto de la historia:

> Catón no murió inmediatamente a causa de la herida; sino que herido, cayó de la cama y tiró un pequeño ábaco que había al lado, haciendo tanto ruido que los sirvientes, al oírlo, gritaron. E inmediatamente entraron en la habitación su hijo y todos sus amigos, donde, al verlo tendido en medio de su propia sangre, con gran parte de las entrañas fuera de su cuerpo, pero aún vivo y capaz de mirarlos, todos se quedaron horrorizados. El médico se acercó a él, y pretendía introducirle de nuevo las entrañas, que no estaban rasgadas, y coserle la herida; pero Catón, recuperándose un poco y percatándose de sus intenciones, alejó al médico, se sacó las entrañas y se desgarró la herida, expirando inmediatamente.[15]

César no se sintió complacido y comentó: «Catón, te reprocho tu muerte, como tú me habrías reprochado la preservación de tu vida». Así se puede apreciar por qué Séneca consideraba que este tipo de hombre es un verdadero ejemplo de estoico.

Después de todo este relato sobre la superación de la dureza de la tortura y el confinamiento solitario, o sobre destriparse uno mismo para evitar que otro obtenga una ventaja política, es posible que usted tenga la impresión de que el estoicismo no es imposible, pero desde luego es muy exigente. Como me preguntó durante una entrevista mi colega y divulgador filosófico Nigel Warburton: «¿Qué ocurre con la vida ordinaria, en la que es muy difícil que la gente tenga que enfrentarse a situaciones tan extremas o mostrar semejantes niveles de valor y resistencia?».[16]

Se trata de una buena pregunta, pero la respuesta es bastante sencilla: al oír estas grandes gestas no solo nos inspiramos con lo que pueden hacer los seres humanos en su mejor momento, sino que implícitamente nos recuerdan lo fácil que es en realidad la mayor parte de nuestra vida. Siendo este el caso, realmente no debería ser muy difícil reunir el valor suficiente para oponerse a su jefe cuando trata mal a uno de sus compañeros de trabajo, ¿o no? Quiero decir que lo peor que puede ocurrir es que lo despidan, no que lo coloquen en confinamiento solitario y lo torturen. ¿Qué dificultad existe en realidad para actuar de manera honesta en el transcurso de la vida cotidiana, teniendo en cuenta que no nos arriesgamos a una derrota militar y a la perspectiva de suicidarnos para salvar nuestro honor? Y aun así, imagine cómo mejoraría el mundo si todos mostrásemos cada día solo un poco más de valor, un sentido de la justicia ligeramente más acusado, más templanza y más sabiduría. El planteamiento estoico es que oír hablar de personas como Catón, Stockdale y los otros que nos hemos encontrado aquí, nos ayuda a poner las cosas en perspectiva, es decir, a convertirnos en seres humanos ligeramente mejores de lo que ya somos.

10

Discapacidad y enfermedad mental

> Librarse de la silla de ruedas no es una meta vital básica.
>
> LAWRENCE BECKER, mensaje en vídeo a Post-Polio Health International

El estoicismo pretende ayudar a las personas reales a vivir su vida de la manera más plena posible. Pero otra cuestión es si el estoicismo también puede ser de ayuda para los que se ven obligados a vivir, no solo a través de circunstancias difíciles, sino a lo largo de una vida permanentemente comprometida: personas que están confinadas a una silla de ruedas, por ejemplo, o que luchan contra una enfermedad mental que las debilita. La respuesta parece que es un sí cualificado, al menos durante algún tiempo. La filosofía no es una cura milagrosa y no se la debería tratar como tal.

En este capítulo vamos a dejar momentáneamente a nuestro amigo Epicteto y vamos a conocer a tres estoicos modernos que nos tienen que explicar la historia de cómo su filosofía les ayudó a enfrentarse a las consecuencias de la polio, la depresión y el autismo. Hemos visto que con frecuencia los antiguos enseñaban invocando ejemplos de modelos reales e imaginarios, desde Sócrates hasta el semidiós Hércules. Las personas que vamos a conocer en este capítulo son personajes modelo de estoicos modernos cuyos pensamientos y acciones nos ofrecen mucho para reflexionar y para inspirarnos para nuestras propias luchas cotidianas grandes y pequeñas.

Larry Becker, que en la actualidad es un profesor de filosofía retirado que impartió clases en el College of William and Mary,[*] escribió un libro académico fundamental sobre el estoicismo moderno.[1] Mi primer contacto con Larry fue a través de ese libro, que acabé discutiendo durante muchos meses con mi amigo Greg Lopez y varias personas interesadas en el estoicismo en la ciudad de Nueva York.[2] No es fácil leer el libro de Larry sin conocimientos previos de filosofía y el estilo es inusual, por así decir. Desde el principio se refiere a los estoicos como «nosotros». Se trata de alguien que se toma muy en serio el estoicismo como una filosofía personal.

¡Resultó que yo no tenía ni idea de lo serio que se lo tomaba! Por casualidad descubrí que mi amigo y colega Nick Pappas del City College de Nueva York, que es profesor de filosofía antigua, es buen amigo y antiguo colega de Larry, así que nos presentó.[3]

Larry ha sufrido durante décadas las consecuencias de la polio. Nick me había explicado las gestas heroicas realizadas por sus amigos para superar los efectos de su discapacidad y que pudiera progresar en su enseñanza y en su carrera académica, y, por supuesto, este contexto me había situado su libro y su interés por el estoicismo en una perspectiva completamente diferente. Entonces Larry me llamó la atención sobre un vídeo que había realizado para Post-Polio Health International, de la que fue presidente de 2006 a 2009.[4] Fue al ver este vídeo cuando me di cuenta en toda su dimensión de la razón por la que Larry Becker es un ejemplo de modelo moderno en la mejor tradición estoica.

* Universidad pública de Estados Unidos, ubicada en Williamsburg (Virginia), que es la segunda universidad más antigua del país detrás de Harvard. *(N. del T.)*

Larry padeció la polio de niño, en 1952, antes de la existencia de la vacuna, y pasó mucho tiempo en un hospital de rehabilitación. Al principio era cuadripléjico y estaba confinado en un pulmón de acero. Después de dos años y medio de rehabilitación recuperó el uso de las piernas, pero no el de los brazos. La respiración de Larry se veía dificultada por la polio, una situación que ha empeorado con los años. Como no puede utilizar el diafragma, respira con los músculos del cuello; cuando se va a dormir, deja de respirar por completo hasta que el CO_2 en sangre sube lo bastante como para despertarlo. Como explica con ironía, «Es un inconveniente». Así que para dormir y para descansar durante el día utiliza un pequeño ventilador portátil. Las capacidades físicas que recuperó en el hospital de rehabilitación hace años están desapareciendo con la edad y ahora solo le resulta posible impartir clases individuales.

En el vídeo, Larry empieza explicando que antes era capaz de abandonar su silla de ruedas y subir y bajar escaleras para entrar y salir de su aula. Pero las cosas comenzaron a empeorar a principios de la década de 1980 y empezó a temer la idea de ir al aula o a asistir a las reuniones de la facultad (bueno, es cierto, todo el mundo teme las reuniones de la facultad). Su reacción inicial fue no decirle nada nadie y sencillamente evitaba caminar o subir escaleras tanto como fuera posible. Pero con rapidez llegó al punto en que le resultaba muy difícil superar los cuatro escalones que separaban su despacho del campus. Perdía el tiempo ante el escritorio, preocupado por la idea de salir al exterior, y después por tener que volver a casa por la tarde.

Su análisis inicial fue que estaba sufriendo una fobia, quizá acompañada por algo parecido a ataques de pánico. Así que fue a ver a un psiquiatra especializado en rehabilitación. El psiquiatra era totalmente ciego, lo que debió dificultar en gran manera su paso por la facultad de medicina. La consulta del psiquiatra se encontraba en una hermosa casa antigua, con cinco escalones irregulares desde el aparcamiento, cuatro más para llegar al porche, y sin barandilla. Nada bueno.

Después de una explicación inicial por parte de Larry, el psiquiatra le preguntó qué le preocupaba justo en ese momento, a lo que Larry contestó con cierto mal humor: «Me preocupa cómo voy a salir de este edificio». El psiquiatra descolgó tranquilamente el teléfono, llamó a su secretaria y le preguntó si tenían una rampa en la parte trasera del edificio que llegase hasta el aparcamiento. Ella le confirmó que la tenía.

—¿Cómo se siente ahora? —preguntó el psiquiatra.

—Sobre eso, me siento bien —respondió Larry.

El médico planteó diversas soluciones prácticas a su problema: ¿Puede cambiar de oficina? No. ¿La universidad le puede construir una rampa? Posiblemente. El médico le explicó a Larry que había tomado el metro para ir a la facultad de medicina y que, como ciego, los andenes del metro lo aterrorizaban. «Se trata de un miedo razonable —añadió—, y se habrá dado cuenta de que decidí ejercer en una ciudad sin metro.» En ese punto, Larry empezó a sentirse un poco tonto. La universidad le construyó una rampa y consiguió una silla de ruedas con pedales de control. Esa fue una buena lección de estoicismo práctico, sin la teoría.

Larry reflexionó que este tipo de cosas le habían ocurrido a lo largo de su vida y, más aún, que le ocurrían a todo el mundo, discapacitado o no. Esta reflexión lo condujo a varias sugerencias para ayudar a los demás a desarrollar una filosofía personal sobre la vida, tanto si padecían una discapacidad como si no.

El primer punto de Larry es darse cuenta de la importancia de la capacidad de acción. Para él ha sido crucial sentirse como un agente en el mundo, no como un paciente. No obstante, se deben cumplir algunas tareas importantes: por ejemplo, convertirse en agente y seguir siéndolo, en primer lugar. Al principio de la vida como bebés indefensos —lo que él llama el «nivel de entrada de los seres humanos»— somos «pacientes», dependemos totalmente de los demás. Lentamente aprendemos, desde cero, a convertirnos en agentes. Nos convertimos en adultos, tomamos las riendas de nuestra vida, reclamando y ganándonos nuestra capacidad de acción (todo ello es perfectamente compatible con la doctrina estoica del desarrollo ético, con la que ahora ya estamos familiarizados). Para Larry, las discapacidades más devastadoras son precisamente las que limitan en gran medida o suprimen nuestra capacidad de acción. Sin embargo, afirma que incluso si la polio te paraliza por completo, la parálisis no te roba permanentemente la capacidad de acción. Aun así, puede que tengas que recuperarla lenta y dolorosamente, como hizo él. Es más, él consideraba que toda la cuestión de superar su discapacidad coincidía con su necesidad de recuperar su capacidad de acción.

Después de recuperar tu capacidad de acción, Larry señala que estás en la misma situación que cualquier otra persona: te has vuelto bueno en *ser* un agente. Esto, según él, requiere una alineación de los elementos siguientes: valores, preferencias, metas, deliberaciones, decisiones y acciones. Si son incoherentes, incompletas o débiles, entonces quedas paralizado sin importar cuáles sean tus condiciones físicas. También te puede paralizar la indecisión, porque no estás comprometido con ningún curso de acción en particular y prefieres mantener abiertas múltiples posibilidades. Enfrentarse a demasiadas opciones en el menú o a demasiados coches en el expositor, no es bueno, como muestra con claridad la ciencia cognitiva moderna.[5] Para complicar las cosas, está el hecho de que el propio mundo cambia, lo que exige un ajuste constante de nuestras metas, decisiones y acciones. En otras palabras, tenemos que aprender cómo mantener nuestra capacidad de acción en circunstancias cambiantes. Como los pilotos comerciales, que tienen que seguir aprendiendo habilidades nuevas, pero a diferencia de los pilotos comerciales, no disponemos del lujo de aprender con simuladores. La vida solo ocurre una vez, y aprendemos «en el aire», no en un entorno seguro. Para que las cosas sean aún más estresantes, normalmente llevamos a bordo pasajeros que queremos mucho.

En segundo lugar tenemos que centrarnos en las capacidades, no en las discapacidades. Larry ha aprendido a despreocuparse de su discapacidad, o al menos a considerarla como un indiferente dispreferido. Esto requiere el dominio de una tarea adicional, como mantener la atención constantemente en las capacidades. El énfasis, para todo ser humano, debería ponerse en lo que podemos hacer, no en lo que no podemos hacer. En lugar de decir «No puedo hacerlo», digamos «Puedo hacerlo de esta manera».

También debemos practicar la tarea socrática: conócete a ti mismo. Conocer nuestras capacidades físicas y psicológicas incluye conocer nuestros límites. La ignorancia, o mucho peor, el autoengaño sobre nuestras capacidades pueden ser muy peligrosos. Necesitamos mantener una evaluación actualizada de lo que podemos hacer. Esto dependerá no solo de nuestras capacidades sino también del entorno físico y social específico (y variable) en el que nos encontremos en cada momento. Larry aconseja también que nos entrenemos para reconocer el instante en que hemos perdido una buena correlación entre nuestras capacidades y nuestras actividades. Debemos desarrollar lo que llama un sistema de alarma interno, que nos dirá cuándo ha llegado el momento de dejar de sufrir y de empezar a tomar (o retomar) el mando. Larry sabe por experiencia que conocerse a uno mismo es duro, necesita práctica y requiere cierta perspectiva.

En tercer lugar debemos desarrollar un plan de vida. Para ello debemos contemplar en conjunto nuestra vida, establecer planes y tomar decisiones «considerándolo todo», como dicen los filósofos. No se trata de la idea ingenua de imaginar al principio lo que queremos hacer y después solo implementar el plan, al estilo soviético. Al contrario, Larry sugiere que se debe convertir en un hábito la reflexión sobre lo que es importante para nosotros y sobre la mejor manera de conseguirlo, y también que revisemos continuamente nuestro plan de vida, según nuestras capacidades y circunstancias cambiantes. Este plan dinámico debe ser coherente, ambicioso, alcanzable, revisable y, de ser posible, compatible con un generalmente creciente nivel de satisfacción vital. En su propio caso, Larry admite que, al fracasar en mantener las cosas en perspectiva a finales de la década de 1980, negó el inicio de los efectos tardíos de la polio; con una perspectiva mejor se habría dicho a sí mismo que quizá el miedo a las escaleras largas no era, al fin y al cabo, tan poco razonable.

En cuarto lugar debemos luchar por la armonía interna, que es una cuestión de intentar constantemente una armonización de los componentes de nuestro plan vital (dinámico). Debemos armonizar nuestras experiencias espirituales y racionales, nuestros deseos y nuestras necesidades, nuestra razón con nuestras acciones. «Personalmente, creo que tener una vida armoniosa es preferible a ser un sujeto interesante para un biógrafo, un periodista o un chismoso», observa sabiamente Larry.

En último lugar, Larry nos advierte que tengamos cuidado con los muros. Debemos reconocerlos cuando nos golpeamos contra ellos; aún mejor es verlos venir antes de chocar con ellos. Aquí el truco consiste, según Larry, en saber cuándo abandonar: ni un minuto demasiado pronto ni un minuto demasiado tarde. Para evitar los muros se requiere no solo que sigamos aprendiendo sobre nuestras capacidades a lo largo de la vida, sino también que determinemos que lo que parece un muro lo es en realidad. «Si es una ilusión, entonces puedes atravesarlo; si no lo es, entonces tienes que rodearlo o cambiar completamente de dirección.» El problema, añade, es que parece que tenemos dificultades para decidir qué muros deben preocuparnos y cuáles podemos derribar. Larry se enfrenta a este dilema con una vuelta a lo básico. En primer lugar identifica las metas y compromisos vitales fundamentales: con su esposa durante cuarenta y seis años y las metas de su vida juntos; con sus objetivos profesionales, y con la creación de un entorno físico y social verdaderamente acogedor para todo el mundo. Solo cuando estos compromisos corren riesgos está dispuesto a detenerse ante un muro real, y solo si choca con él con fuerza. Las rampas, según estima Larry, no cuentan: «Librarse de la silla de ruedas no es una meta vital básica».

Me resulta muy difícil añadir algo significativo. Estoy realmente sobrecogido por un ser humano decente que es un estudioso serio, un estoico comprometido y alguien que indudablemente vive su filosofía en circunstancias muy difíciles. Intentaré acordarme de Larry la próxima vez que crea haber topado contra un muro que muy probablemente solo sea una ilusión conjurada por mi egocéntrica imaginación. Según la famosa frase de Epicteto: «Soporta y resiste».[6]

Nuestro segundo ejemplo de estoico moderno que ha utilizado su filosofía para superar una situación difícil es Andrew Overby con su lucha contra la depresión. A diferencia del caso de Larry, no conozco a Andrew, al menos de momento. Nuestra relación, de la que no estoy seguro de que sea recíproca, es a través de blogs y redes sociales.[7] Por supuesto, el lector deberá tener en cuenta que en todos estos casos no estoy hablando desde la experiencia personal: hasta el momento el destino ha sido bastante amable y no me ha deparado nada tan serio como estas situaciones de las que estamos hablando. Aun así, lo más grande de los seres humanos es que podemos comunicar nuestros pensamientos y emociones a los demás, no solo en persona sino a través del poder de la palabra escrita. Aunque nunca sabremos exactamente cómo es ser otra persona, desde luego podemos comprenderla lo suficiente como para empatizar.[8]

Andrew describe lo que, desde su punto de vista, el estoicismo puede hacer en sus circunstancias. Repito que esta descripción no está dirigida a alguien como yo, que nunca ha experimentado la depresión y solo puede dar un consejo teórico a otros que se encuentran en circunstancias realmente difíciles. Es más, el caso de Andrew ilustra lo mejor de la filosofía práctica a través del testimonio de un ser humano que descubrió de primera mano qué le ayudó y qué no para resolver sus problemas. Como hemos visto con Larry, Andrew no afirma que el estoicismo pueda curar de alguna manera mágica la depresión. Sin embargo, ha encontrado algo útil en la práctica del estoicismo.

Para empezar, dice que una de las cosas cruciales para las personas afectadas por la depresión es evaluar de manera constante tanto a sí mismas como su condición mental. Algo que el estoicismo enseña a cualquier persona es a evaluar sus propias reacciones y a reflexionar críticamente sobre cómo percibe e interpreta el mundo.

Cuando Andrew escribió sobre su encuentro con el estoicismo, era un joven de veinticuatro años que sufría una depresión que surgía en parte del abismo que había ido descubriendo gradualmente entre las expectativas sobre su vida y el mundo, por un lado, y su vida y el mundo tal como eran, por el otro. Parecía que lo más adecuado era una reevaluación y quizá un intento de desapego parcial. Andrew empezó a leer sobre el estoicismo porque había oído que en ciertos aspectos se parece al budismo, y también porque durante una visita a la Clinton Library de Arkansas había descubierto que el presidente Clinton sentía la más alta estima por Marco Aurelio, el emperador-filósofo estoico. (Dejo a otros el análisis de si Bill Clinton se ha comportado en algún aspecto como un estoico durante su vida y carrera.) Andrew quedó intrigado. Más aún, una meta de la filosofía estoica, en especial en su período romano, era alcanzar la tranquilidad: algo que es bueno para cualquier ser humano, pero en especial para quien sufre una depresión. Los estoicos intentaron conseguirlo mediante el cultivo de emociones positivas y detectando y rechazando las negativas. (Analizaremos más de cerca estas técnicas a su debido tiempo.) Andrew también se sintió atraído por el espíritu estoico de comunalidad con el resto de la humanidad, su rechazo al apego a todo tipo de bienes externos que caracteriza nuestra sociedad hiperconsumista y su énfasis en el deber hacia los demás y la ecuanimidad ante la adversidad.

A través del estoicismo, Andrew aprendió a convertir la depresión en una especie de activo. Como explica: «Las personas deprimidas son bastante conscientes de sí mismas; de hecho, son demasiado conscientes de sí mismas y de una manera demasiado negativa, con frecuencia se ridiculizan a sí mismas por pequeñas infracciones de sus estándares idealizados, denigrándose por no ser perfectas incluso en un mundo que reconocen lleno de imperfecciones y de capital humano desperdiciado. Una parte de la depresión se fija en los fracasos del pasado, reflexionando continuamente sobre acontecimientos o circunstancias pasadas, y extrayendo de ellos incluso una especie de confianza negativa. Este tipo de pensamiento es antitético para los buenos resultados en el momento presente, al menos la mayor parte del tiempo. Provoca fracasos en el presente, desencadenando un círculo vicioso cuya voracidad no se puede saciar con facilidad. Un fracaso se erige sobre el anterior, y ahora sobre otro más».

En cuanto Andrew se dio cuenta de esta conexión entre el pensamiento negativo y la depresión, su mente se volvió inmediatamente hacia la dicotomía del control de Epicteto. Las cosas bajo nuestro control incluyen nuestras decisiones y comportamientos; las cosas que no están bajo nuestro control incluyen las circunstancias en las que nos encontramos, así como los pensamientos y las acciones de las otras personas. Por supuesto, no se trata de que alguien esté deprimido, lea unas líneas de las *Disertaciones* o del *Manual* que parece que hablan de su situación y entonces *voilà!*, todo vuelve a estar perfecto. Pero Andrew siguió leyendo y reflexionando. De hecho, los estoicos enseñaban que mediante una repetición consciente cambiamos nuestros comportamientos e incluso nuestros sentimientos internos, algo confirmado por una serie de psicoterapias modernas que son efectivas para el tratamiento de la depresión y otras enfermedades.

Otro aspecto del estoicismo que Andrew encontró especialmente útil fue el énfasis de esta filosofía en el uso de la adversidad como campo de entrenamiento para la vida. Quizá fue Marco Aurelio quien expresó la idea con mayor fuerza, en las *Meditaciones* tan admiradas por Bill Clinton: «El arte de la vida se parece más al arte del luchador que al del bailarín, en este sentido: debe estar dispuesto y firme para enfrentarse a acontecimientos que son repentinos e inesperados».[9] En una especie de yudo vital, el estoico se enfrenta a la adversidad tratando a la propia vida como si fuera un luchador en el ring de entrenamiento, con un oponente que no va a vencernos (necesariamente), pero cuyo propósito es mantenernos en vilo; el estoico está ansioso por enfrentarse a su oponente porque esa es la manera de mejorar. Como dice el estoico moderno Bill Irvine: «Uno de los desarrollos más interesantes en mi práctica del estoicismo ha sido mi transformación desde alguien que temía los insultos a un conocedor de los insultos. Por un lado, me he convertido en un coleccionista de insultos: al ser insultado, analizo y categorizo el insulto. Por el otro lado, espero ser insultado porque me da la oportunidad de perfeccionar mi "juego de los insultos". Sé que suena extraño, pero una consecuencia de la práctica del estoicismo es que se buscan oportunidades para emplear las técnicas estoicas».[10] Extraño, sí, pero puedo dar fe de la misma sensación liberadora y fortalecedora, y lo mismo le ocurre a Andrew.

Su testimonio destaca otros dos aspectos de la práctica estoica que son especialmente útiles para una persona deprimida, uno de ellos de una manera poco intuitiva. El primero es la insistencia de Epicteto en que miremos las «impresiones» —es decir, nuestra primera reacción ante lo que nos ofrece la vida— y nos demos cuenta de que en muchos casos no son lo que parecen ser. Pensemos en el «juego de los insultos» de Irvine: lo que nos dice alguien es su opinión, que se puede fundamentar o no en los hechos. Que percibamos el comentario de alguien como un insulto o no depende totalmente de nosotros, sin importar la intención de nuestro interlocutor. Alguien me llama gordo, lo que ocurrió con cierta frecuencia cuando era un niño. Bueno, ¿es verdad? En un momento de mi vida lo fue. En tal caso, ¿por qué voy a ofenderme? De hecho, ¿qué significa que me sienta ofendido por un hecho? A la inversa: ¿no es verdad? Entonces, el tipo que me lanzó el insulto es infantil en su comportamiento y está equivocado en los hechos. ¿Cómo es posible que eso me hiera? En realidad, es él quien pierde en la confrontación. Esto es lo que me propuso nuestro amigo Epicteto como un reto amistoso: «Acércate a una piedra e insúltala: ¿qué efecto vas a producir? Si un hombre escucha como una piedra, ¿qué beneficio va a obtener el ofensor? [...] "Te he enfadado." Es posible que sea para tu bien».[11]

El segundo aspecto de la práctica estoica que —quizá de manera sorprendente— Andrew encontró muy útil fue lo que los estoicos modernos llaman visualización negativa. La idea básica, adoptada también por la terapia cognitiva del comportamiento y enfoques similares, es centrar la atención con regularidad en escenarios potencialmente malos, repitiéndote que de hecho no son tan malos como parecen porque tienes los recursos internos para enfrentarte a ellos. El ejercicio de la visualización negativa, lo que los antiguos romanos llamaban *premeditatio malorum* (literalmente, prever lo malo), se puede centrar en algo tan mundano como la irritación que sientes cuando alguien te corta el paso al ir en coche, o en acontecimientos tan críticos como la muerte de un ser querido, o incluso la propia muerte.

Ahora bien, ¿por qué va a querer nadie, y mucho menos alguien que está deprimido, imaginar lo peor a propósito? Bueno, por un lado, tenemos la observación empírica de que en realidad funciona: al visualizar acontecimientos negativos, disminuye el miedo a enfrentarnos a ellos y nos preparamos mentalmente para gestionar la crisis cuando y si aparece. Pero existe un reverso de la visualización de lo negativo: adquirimos una sensación renovada de gratitud y aprecio por todos los momentos en los que las cosas malas *no* ocurren, cuando circulamos tranquilamente por la calle en un día hermoso o disfrutamos de la presencia de nuestros seres queridos porque están muy vivos y bien.

Ni siquiera conozco el nombre del tercer colega estoico, porque el ensayo que leí de ella o de él fue publicado de manera anónima.[12] Y desde luego no puedo identificarme con lo que ella (voy a suponer que es una mujer para simplificar) está pasando, teniendo en cuenta que le diagnosticaron un desorden del espectro del autismo diez años antes de escribir el artículo. Esto se vio acompañado de una depresión al darse cuenta de que no iba a ser posible su sueño de una carrera académica, no a causa de los obstáculos externos para encontrar y obtener un empleo como historiadora, por muy formidables que puedan ser, sino a causa de sus obstáculos internos: sencillamente no podía enfrentarse al entorno social del mundo académico moderno. De hecho, su vida estaba dominada por el temor al fracaso y por la falta de autoconfianza, que al final la llevó a ingresar en un hospital psiquiátrico. Cuando le dieron el alta, redescubrió el estoicismo. Había leído sobre él durante su juventud, en un libro de filosofía para adolescentes muy popular, *El mundo de Sofía*, de Jostein Gaarder. Ahora tecleó en Google «terapia cognitiva conductual», buscando ayuda práctica, y encontró la página web de un profesional que había rastreado las raíces del acercamiento entre el budismo y el estoicismo.

Empezó a leer y acabó descubriendo que el estoico que más le gustaba era el dramaturgo y orador romano Séneca. (He observado este hecho fascinante, aunque anecdótico, sobre los estoicos modernos: dependiendo, presumiblemente, de la personalidad, solemos tener un antiguo favorito y nos sentimos atraídos por su manera particular de interpretar la filosofía. Mi estoico favorito es, obviamente, Epicteto.) Séneca escribió sobre el autoconocimiento y sugirió que a veces somos el peor obstáculo para nuestra propia mejora: vemos a dónde deberíamos ir, que es donde queremos ir, pero aun así no somos capaces de tomar la decisión y emprender el camino. Está claro que esta observación repercutió en nuestra autora anónima: «El problema de algunas personas del espectro es saber qué es bueno para ellas. Algunas personas con autismo luchan para encontrar una motivación durante la mayor parte de su vida».

Un segundo aspecto de la filosofía que atrajo a nuestra autora autista fue la insistencia de Séneca en la dimensión social de la existencia humana. En un pasaje famoso afirma: «Las relaciones entre nosotros son como un arco de piedra, que se caerá si las piedras no se apoyan mutuamente entre ellas, y que se erige precisamente de esa manera».[13] Relacionarse con los demás de un modo socialmente útil sigue siendo el mayor reto de la autora, pero al menos ahora tiene sus metas mucho más claras en mente, metas que se guían a través de su comprensión del estoicismo. Y como Séneca sigue diciéndole cada vez que recurre a él: «No sé si realizaré progresos; pero prefiero la falta de éxito a la falta de fe».[14]

Los tres casos que hemos examinado brevemente tienen en común algo fundamental: para Larry, como para Andrew y la autora anónima, el estoicismo provocó un cambio de perspectiva, una alteración profunda en cómo veían sus vidas. Lo más importante es que precisamente eso es lo que se supone que debe hacer la filosofía: todos los grandes autores estoicos insisten en que resulta crucial que reflexionemos sobre nuestra condición y realicemos un esfuerzo real para ver las cosas bajo una luz diferente, una que sea a la vez más racional y más compasiva. Y no, sin lugar a dudas estos requisitos no son contradictorios, desde luego no desde una perspectiva estoica. Semejante cambio de perspectiva ayuda a las personas a enfrentarse mejor a sus circunstancias. Con frecuencia se acusa al estoicismo de que promueve una aceptación pasiva de las cosas, a pesar del hecho de que los estoicos que conocemos eran sin lugar a dudas hombres y mujeres de acción, tendentes a mejorar el mundo en la medida de sus posibilidades. En cualquier caso, salir adelante es una capacidad humana esencial que es obviamente útil no solo para las personas confinadas en una silla de ruedas, para las que luchan contra la depresión o para las afectadas de autismo. Las capacidades para salir adelante son útiles para todos nosotros, porque siempre nos vamos a encontrar situaciones difíciles en la vida con las que tendremos que enfrentarnos.

Finalmente, la combinación de ver —y por tanto comprender— las cosas de una manera diferente y el fortalecimiento que deriva de la habilidad para salir adelante, a veces abre nuevas vías para enfrentarnos a nuestros problemas en las que quizá no habíamos pensado antes, como cuando el psiquiatra señaló a Larry (que se sintió un poco tonto) un par de soluciones obvias a su problema, una de las cuales resultó ser eminentemente práctica. El estoicismo no es la panacea universal. Pero una filosofía que es capaz de hacer estas cosas, incluso en circunstancias tan difíciles como las que hemos visto en este capítulo, desde luego se merece nuestra atención y quizá una oportunidad para practicarla.

Parte III

LA DISCIPLINA DEL CONSENTIMIENTO: CÓMO REACCIONAR ANTE LAS SITUACIONES

11

Sobre la muerte y el suicidio

> Tengo que morir, ¿de verdad? Si es así, entonces estoy muriendo: si es pronto, ahora cenaré porque es la hora de cenar, y después, cuando llegue el momento, moriré.
>
> EPICTETO, *Disertaciones*, I.1

Los antiguos estoicos estaban muy preocupados por la muerte. En realidad, «preocupados» no es la palabra más correcta. Eran conscientes de la muerte y de la importancia que los seres humanos le otorgan, pero desarrollaron una visión de ella muy inusual y fortalecedora.[1]

Debo confesar que he mantenido conversaciones largas y duras con Epicteto sobre este tema: la idea de la muerte solía perturbarme profundamente. Es más, hubo una época de mi vida en la que solía pensar en ella casi cada día, y algunos días más de una vez. No quiero transmitir la impresión de que he sido en algún momento un tipo taciturno, propenso a las ideas depresivas. Al contrario, siempre he sido razonablemente optimista sobre la vida, disfrutando o haciendo lo mejor posible con cuanto me ha deparado la fortuna (y, por suerte, me ha deparado mucho). Más aún, soy biólogo. Sé que la muerte es un hecho natural, el resultado de la senda evolutiva particular que nuestros ancestros emprendieron hace eones. (Si fuéramos bacterias, por ejemplo, no moriríamos de viejos, solo por accidente; pero en ese caso, tampoco seríamos capaces de desarrollar filosofías sobre la vida.) Aun así, la idea de que mi conciencia dejara de existir un día cualquiera me alteraba. Las cosas empezaron a cambiar cuando leí por primera vez la afirmación de Epicteto con la que he encabezado este capítulo. Reí en voz alta y pensé: «Qué actitud tan increíblemente alegre ante lo que la mayor parte de las personas creen que es la más temible de todas las cosas».

Epicteto también me explicó por qué estaba tan preocupado: «¿Por qué crecen las espigas de trigo? ¿No deben madurar al sol? Y si maduran, ¿no ocurrirá que sea recolectado, porque está hecho para eso? Entonces, si tuviera sentimiento, ¿no debería rezar para que no lo cosechasen en ningún momento? Pero rezar para que nunca lo cosechen es una maldición para el trigo. De la misma manera debes saber que es una maldición para los hombres cuando rezas para que no mueran: es como una plegaria para que no maduren, para que no sean cosechados. Pero los hombres, al ser criaturas cuyo destino es que los cosechen, también somos conscientes de este mismo hecho, de que estamos destinados a que nos cosechen, y por eso nos enfadamos; porque no sabemos quiénes somos, ni hemos estudiado las cosas humanas como los especialistas en caballos estudian las preocupaciones de los caballos».[2]

Este es un pasaje intrigante. Epicteto presenta tres ideas entrelazadas. Para empezar, no nos diferenciamos de otros seres vivos: como el grano cuyas espigas están destinadas a madurar al sol, nosotros también estamos destinados a ser «cosechados». Los estoicos se tomaban el destino de una manera mucho más literal que muchos de nosotros en la actualidad, porque creían en algún tipo de providencia cósmica. Pero aun desde un punto de vista eminentemente moderno y científico, podemos ver que somos una de los millones de especies vivas en uno de los probablemente miles de millones de planetas habitables en el universo.

El segundo argumento que establece Epicteto es crucial: también nos turba la perspectiva de nuestra propia muerte precisamente porque, a diferencia del grano y de la mayoría de las demás especies en la tierra, somos capaces de concebir esa idea. Y no obstante, el conocimiento de algo no cambia la naturaleza de dicha cosa, por supuesto, pues solo se trata de un cambio de actitud ante ella. Esta pauta de pensamiento conduce así en línea recta de regreso a la idea estoica fundamental de la dicotomía del control: la muerte no está bajo nuestro control (ocurrirá de un modo u otro), pero lo que sí está totalmente bajo nuestro control es la manera en cómo reflexionamos sobre la muerte. Esta es la parte que podemos y necesitamos trabajar.

Este segundo punto lleva al tercero: la analogía entre el estudio de los asuntos humanos y —sorprendentemente— el estudio de los caballos. Epicteto nos recuerda que si nos asusta la muerte es por ignorancia: si conociésemos o comprendiésemos realmente la condición humana —como el cuidador de un caballo conoce y comprende a los caballos—, entonces no reaccionaríamos como lo hacemos ante la perspectiva de nuestra propia muerte.

A pesar de todo lo dicho hasta aquí, Epicteto tuvo la sensación de que yo no estaba demasiado convencido, así que cambió de táctica, como hace todo buen maestro cuando se encuentra con un alumno prometedor que aun así se niega a comprender un punto importante: «¿Te darás cuenta de una vez por todas de que no es la muerte la fuente de todos los males del hombre, y de un espíritu mezquino y cobarde, sino más bien el miedo a la muerte? Por esto quiero que te disciplines contra el miedo; a esto se tienen que dirigir todos tus razonamientos, tus clases y tu entrenamiento; entonces sabrás que solo así consiguen los hombres su libertad».[3] Esta es una idea que también recogieron otros estoicos, como Séneca, y figuras posteriores influidas por el estoicismo, como Montaigne:[4] si existe una cosa para la que debería ser buena la filosofía, es para que comprendamos mejor la condición humana al mostrarnos no solo cómo vivir de la mejor manera posible, sino cómo aceptar el hecho de que la muerte no es algo que se deba temer. Incluso los archirrivales de los estoicos, los epicúreos, estaban totalmente de acuerdo con esto. Como escribió el fundador de su escuela en su «Carta a Meneceo»: «Por eso la muerte, el más terrible de los males, no es nada para nosotros, teniendo en cuenta que, cuando estamos, la muerte no ha venido, y, cuando viene la muerte, nosotros no estamos».[5]

Entonces, ¿qué ocurre si caigo enfermo?, le pregunté a Epicteto, pensando que quizá el tema no sea realmente la muerte sino el proceso de morir. «Debes sobrellevar bien la enfermedad.»[6] Por supuesto, pero ¿quién me va a atender? «Dios y tus amigos.» Pero estaré postrado en una cama dura. «Pero lo puedes hacer como un hombre.» No tendré una casa adecuada. «Si la tuvieras, estarías igualmente enfermo.» Un maestro duro, ¿no le parece? Pero ahora todo esto tiene un sentido perfecto dentro del marco del estoicismo, ¿de acuerdo? Es un hecho de la vida que las enfermedades nos acosan y, para la mayoría de nosotros, una de ellas acabará por matarnos. Y tendremos que considerarnos afortunados si tenemos cerca a amigos o seres queridos: querrá decir que hemos sido personas lo bastante decentes como para mantener tales relaciones con el resto de la humanidad. Los que nos rodean no pueden curar nuestra enfermedad o salvarnos de la muerte, pero pueden acompañarnos durante una parte del camino, reconfortándonos antes de que lleguemos allí. Y, por supuesto, será mejor terminar el viaje en una casa adecuada y en una cama blanda, pero, realmente, comparado con lo que estará ocurriendo y debería estar absorbiendo toda nuestra atención, esos son detalles menores.

Así que, inevitablemente, llegará el momento de morir, continué. «¿Qué quieres decir con "morir"? —me corrigió Epicteto—. No utilices palabras elevadas; expresa los hechos tal como son. Ahora es el momento de que tu parte material vuelva a los elementos de los que está compuesta. ¿Qué hay de temible en eso? ¿Qué pérdida va a ser esto para el universo, qué acontecimiento extraño o irracional?»[7] De nuevo, la voz tranquilizadora de la razón calmada. De nuevo, la invitación a adoptar una perspectiva más amplia sobre las cosas en lugar de centrarse en uno mismo. El astrónomo Carl Sagan, uno de mis modelos científicos a seguir cuando era niño, nos invitó a reflexionar sobre el hecho de que literalmente somos polvo de estrellas: los elementos químicos que nos componen se originaron tras la explosión de una supernova en algún punto cerca del sistema solar, y después de miles de millones de años de evolución, dicha materia se convirtió en las moléculas que constituyen nuestro cuerpo. Se trata de una idea maravillosa y sobrecogedora. Pero es lo contrario de aquello a lo que quiere llegar Epicteto: de nuevo de una manera literal, volveremos al polvo, reciclando nuestros componentes químicos, permitiendo que nuevos seres vivos ocupen nuestro lugar en la trama del universo. No importa si dicha trama tiene una meta o solo es lo que es: en cualquier caso, procedemos del polvo cósmico y volveremos al polvo cósmico. Esto debería hacer que apreciásemos aún más el intervalo infinitesimal, desde la perspectiva cósmica, durante el que estamos vivos y comemos, bebemos y amamos. Lamentar por anticipado que este intervalo termine no solo es irracional, sino totalmente inútil.

Pero aun así, algunas personas no están convencidas en absoluto. Al contrario, una serie de tecno-optimistas creen que la muerte es una enfermedad que se debe curar y están invirtiendo mucho dinero en el esfuerzo. Hablando en términos generales, se denominan a sí mismos «transhumanistas» y algunos de ellos se pueden localizar entre los hombres blancos millonarios de Silicon Valley, donde están ubicadas muchas de las compañías tecnológicas más prestigiosas del mundo. Quizá el más famoso e influyente del grupo sea Ray Kurzweil, un futurista (alguien que cree que puede estudiar y predecir el futuro) que trabaja actualmente en Google en el desarrollo de un software que comprenda el lenguaje natural.

Kurzweil tiene en su haber una serie de logros importantes, entre ellos el desarrollo del primer sistema de reconocimiento óptico de caracteres multifuente. En el momento de escribir estas líneas tiene sesenta y ocho años y lleva planteando desde hace algún tiempo que el camino de la inmortalidad se va a dar mediante la descarga de nuestra conciencia en un ordenador, algo que afirma que será posible dentro de poco tiempo. De hecho, será mejor que dominemos este proceso antes de la llamada *singularidad*, un término inventado por el matemático Stanisław Ulam para describir el momento en el que los ordenadores serán más inteligentes que las personas y empezarán a dirigir el progreso tecnológico independientemente de la propia humanidad, y quizá a pesar de ella.

Este no es el lugar para explicar por qué creo que la idea de una singularidad se basa en una incomprensión fundamental de la naturaleza de la inteligencia, o por qué es extremadamente improbable que «descargar» nuestra conciencia en un ordenador sea posible, teniendo en cuenta que la conciencia no es un objeto ni una pieza de software.[8] Aquí no estoy interesado en la desfachatez que muestran personas como Kurzweil, así como sus seguidores tipo secta, que se creen tan importantes que deben, como si fueran dioses, trascender las leyes de la propia naturaleza, sin entrar en el tema de que están gastando cantidades ingentes de dinero y energía que se podrían emplear en la mejora de los problemas urgentes y reales a los que se enfrenta el mundo en este momento, o las consecuencias ética y ecológicamente desastrosas de su éxito (si fuera posible). ¿Quién, exactamente, tendrá acceso a la nueva tecnología y a qué precio? Si tenemos éxito en convertirnos en inmortales desde el punto de vista físico —la alternativa a la descarga que ansían algunos transhumanistas—, ¿seguiremos teniendo hijos? Si la respuesta es afirmativa, ¿cómo un planeta que ya está enfermo podrá sostener la sed de recursos naturales de una población que crece sin descanso, y absorber la producción creciente de productos de desecho? ¡Ah, pero es que nos vamos a expandir más allá de la Tierra! ¡Colonizaremos otros mundos! No importa que aún no conozcamos otros mundos habitables en la galaxia, o que no tengamos ni idea de cómo llegar hasta ellos, si es que hay alguno. Cuanto más pienso en el transhumanismo, más terriblemente apropiada me parece la palabra *hibris*, inventada por los griegos precisamente para designar este tipo de ideas.

Me parece que las personas como Kurzweil simplemente no quieren abandonar la fiesta, sin importar el coste y sin importar lo privilegiados que han sido mientras han participado en ella. Por eso me lo imagino manteniendo esta conversación con Epicteto:

—No, yo quería seguir con la fiesta.

—Sí, los que participan en los Misterios también quieren seguir con la ceremonia y los que acuden a Olimpia quieren ver nuevos competidores, pero el festival ha llegado a su fin. Abandónalo con un espíritu modesto y agradecido; deja sitio para los demás. Otros tienen que llegar a ser, como lo has hecho tú, y al nacer deben tener espacio, moradas y necesidades. Pero si los primeros que llegaron no se retiran, ¿qué les queda? ¿Por qué no hay nada que te satisfaga o te contente? ¿Por qué llenas el espacio del mundo?[9]

Lo que me lleva al segundo tema —mucho más delicado— de este capítulo y al que los estoicos dedicaron grandes reflexiones, de manera que creo que es de gran relevancia para la modernidad: el suicidio.

El fin de semana del 23 y 24 de julio de 2016, la artista Betsy Davis organizó una fiesta con unas treinta personas, sus amigos y familiares más cercanos. La ocasión era festiva, con personas tocando el chelo y la armónica, bebiendo combinados y comiendo pizza, y viendo una de las películas favoritas de Betsy, *La danza de la realidad.* Poco antes de la puesta de sol del domingo, los invitados se fueron y Betsy presenció el ocaso en su porche. Poco después, en presencia de su cuidador, su médico, su masajista y su hermana, Betsy tomó un cóctel de morfina, pentobarbital e hidrato de cloral, prescritos por su médico, y murió en paz.[10]

Verán, Betsy sufría de esclerosis lateral amiotrófica, o ELA, también conocida como enfermedad de Lou Gehrig. Había perdido casi por completo el control de los músculos; con cuarenta y un años, no solo no era capaz de actuar, sino que ya no podía cepillarse los dientes ni rascarse si le picaba, y mucho menos ponerse de pie. Su habla era confusa y había que traducirla para poder entenderla. Decidió poner fin a su vida de una manera digna, gracias a la ley recientemente aprobada en California sobre el suicidio asistido. La suya era una historia hermosa y conmovedora que conté a Epicteto. «Si no es para tu provecho, la puerta está abierta: si es para tu provecho, mantenla. Porque en cada acontecimiento la puerta debe estar abierta y entonces no tendremos problemas»,[11] replicó con calma. La «puerta abierta» era la frase habitual que utilizaba con sus estudiantes siempre que quería hablar sobre el suicidio.[12] Viendo mi desconcierto, prosiguió: «Supón que alguien llena la habitación de humo. Si el humo es moderado, me quedaré; si es excesivo, saldré: porque uno debe recordar, y aferrarse a ello, que la puerta está abierta. Llega la orden "No residas en Nicópolis". No lo haré. "Ni en Atenas." Abandonaré Atenas. "Ni en Roma." Renunciaré a Roma. "Reside en Giaros." Vivo en Giaros: pero en realidad me parece que es una habitación con mucho humo, y me voy a donde nadie me impedirá vivir, porque dicha morada está abierta a todos los hombres».[13]

Antes de examinar con mayor atención esta historia, permítanme que inserte un interesante paréntesis histórico sobre Giaros, aparentemente el lugar donde Epicteto pensaba que uno podía pasar un período lo bastante malo como para considerar en serio atravesar «la puerta abierta». Giaros es una pequeña isla griega de las Cícladas donde los antiguos romanos exiliaban a los alborotadores. Uno de estos alborotadores fue nada menos que Musonio Rufo, el maestro de Epicteto, que fue enviado allí por el emperador Nerón, supuestamente por su participación en la conjura de Pisón, un cargo que difícilmente pudo ser cierto. (Esa fue la primera vez que enviaron a Musonio al exilio.) La práctica de enviar exiliados a la isla, que al parecer es bastante árida, fue resucitada con posterioridad por la junta militar que controló Grecia de 1967 a 1974. Esta vez se trataba de intelectuales de izquierda que interpretaron el papel de los estoicos; unos 22.000 fueron enviados a la isla. A pesar de las malas condiciones de Giaros, hay que decir que Musonio debió ser más fuerte incluso que Epicteto, puesto que no escogió la puerta abierta, sino que esperó en la isla hasta que fue llamado de vuelta a Roma.

Volviendo a Epicteto, hay que destacar una serie de cosas importantes en el pasaje que acabo de citar. Para empezar, afirma con mucha claridad que la decisión de si atravesamos o no la «puerta» es una cuestión de valoración personal, según la situación específica. Si la situación es realmente insoportable para usted, entonces tiene la opción de irse. En segundo lugar, y esto es muy importante, la puerta debe estar abierta y entonces no tendremos problemas: lo que hará posible que soportemos condiciones duras y períodos muy difíciles de nuestra vida será precisamente que siempre tendremos un curso de acción alternativo a nuestra disposición. Para los estoicos, al igual que la muerte es lo que da sentido a la vida, la posibilidad de abandonar la vida voluntariamente nos ofrece el valor para hacer lo que es correcto en circunstancias que de lo contrario serían insoportables. Finalmente, cabe destacar la referencia a la llegada de una «orden» para irse. Los discípulos de Epicteto han demostrado que aquí está hablando de Dios, de una manera muy sutil, que resulta compatible con cualquier interpretación religiosa o secular.

Recordemos que Epicteto, más que otros estoicos, creía en la Providencia, es decir, en un plan general para el cosmos. No obstante, ese plan no estaba diseñado por un Dios personal que responde a las plegarias o se preocupa por el destino de los individuos. Epicteto me explicó la idea usando otra analogía: «Para el pie (por ejemplo), podría decir que es natural estar limpio, pero si lo tomas como un pie y no como una cosa aislada, le será adecuado caminar por el barro, pisar espinas y a veces que lo amputen por el bien de todo el cuerpo, o dejará de ser un pie. Debemos mantener exactamente el mismo punto de vista sobre nosotros mismos».[14] Esto explica el sentido de que alguien pueda recibir una «llamada» para amputarse del resto del cuerpo (cósmico), para seguir con la analogía. Pero ¿cómo reconoceremos la llamada? ¿Cómo interpretamos la voluntad del universo? Usamos la razón. Por eso depende totalmente de nosotros, de manera individual, examinar la situación y decidir si atendemos la llamada del cosmos —por seguir con la imagen— o no. Es, en otras palabras, nuestro juicio el que nos dice si ha llegado el momento de atravesar la puerta abierta o si debemos quedarnos y seguir luchando.

Al ser filósofos prácticos, los estoicos afinaron su habilidad para realizar dichos razonamientos al reflexionar sobre ejemplos del pasado, como la historia de Betsy Davis me ha permitido reflexionar sobre la enfermedad y la mortalidad. La primera mención de un estoico que se hubiera suicidado se refiere a Zenón de Citio, el fundador del estoicismo. Diógenes Laercio, en su *Vidas, opiniones y sentencias de los filósofos más ilustres*, reproduce varias historias diferentes sobre la muerte de Zenón (obviamente, solo una de ellas puede ser cierta). Una explica que, al ser anciano, frágil y tener muchos dolores, decidió que ya no tenía nada más que aportar a la sociedad, así que se dejó morir de hambre. Esto pudo ocurrir o no, pero la historia es significativa porque introduce la idea de que para los estoicos es aceptable atravesar la puerta abierta en ciertas circunstancias, dado que es posible que el propio fundador de la escuela lo hiciera.

Existen varios ejemplos más en la tradición estoica, pero solo voy a mencionar dos de ellos para ampliar la visión del tema. Ya conocemos a Catón el Joven, que literalmente se arrancó las entrañas para no caer en manos de Julio César. El último ejemplo es Séneca, una figura bastante controvertida incluso dentro de los círculos estoicos.[15] No queda claro hasta qué punto Seneca vivió de acuerdo con su propia filosofía, dada su implicación en el régimen de Nerón. Se lo ha presentado bajo todos los prismas, desde un conspirador hipócrita a un santo secular, mientras que la verdad se encuentra seguramente en algún punto intermedio: era un hombre con defectos (como él mismo escribió repetidas veces) que intentó hacer las cosas lo mejor posible en circunstancias casi imposibles. Séneca tuvo éxito guiando a Nerón y conteniendo el daño durante los primeros cinco años de su reinado, aunque al final perdió el control del emperador cada vez más desquiciado. A pesar de ello, como se ha mencionado antes, fue sospechoso de formar parte de la conjura de Pisón que envió al exilio a Musonio, y probablemente también con pruebas amañadas. Nerón ordenó a Séneca que se suicidase, lo que hizo a los sesenta y nueve años. Podría haberse resistido (probablemente en vano), o haber intentado escapar o haber suplicado por su vida, como hicieron muchos. Pero en cambio eligió la salida digna, en parte para conservar su integridad, y en parte para preservar al menos algunos bienes de la familia que pudieran heredar los familiares sobrevivientes.

He presentado los ejemplos de Zenón, Catón y Séneca, con todas las reticencias históricas, porque ilustran cinco razones diferentes para atravesar la puerta abierta. Zenón lo hizo porque padecía un dolor cada vez más insufrible y también tenía la sensación de que se había vuelto inútil para la sociedad, lo que no se diferencia mucho del caso de Betsy Davis. Catón atravesó la puerta abierta por cuestión de principios en defensa de una causa política. Séneca lo hizo por dignidad personal y para proteger a las personas que dejaba atrás. (A esta lista se podría añadir el intento de suicidio de James Stockdale.) Algunas de estas razones para suicidarse se debaten en la actualidad en círculos militares, morales y médicos, de manera que los estoicos siguen teniendo mucho que contribuir a la evolución de nuestra visión del mundo. Sin duda consideramos héroes a las personas que sacrifican sus vidas por un bien mayor, y un número creciente de países están permitiendo, o al menos considerando, formas de suicidio asistido como el autorizado por los legisladores californianos para ayudar a las personas que sienten, como parecía ser el caso de Zenón hace veintitrés siglos, que han llegado al final de su vida. Por supuesto, estas ideas son controvertidas, porque el suicidio político puede ser tan virtuoso como el de Catón (o como el de Stockdale si hubiera tenido éxito), pero también tan horrible como el de los terroristas suicidas de la actualidad. Y terminar con nuestra vida a voluntad es para unos una manera de devolver el poder al individuo, mientras que para otros es un sacrilegio contra la santidad de la vida.

Pero también existe el peligro de que alguien se suicide sin ninguna buena razón. El razonamiento estoico no se debería utilizar, por ejemplo, en el caso de personas que están mentalmente enfermas y necesitan ayuda para recuperar su vida, no para terminar con ella. Igualmente, existen excusas triviales para suicidarse que no recibirían la aprobación de un estoico. Por ejemplo, tras la publicación de *Las penas de joven Werther* de Goethe en 1774 se produjeron diversos suicidios de hombres jóvenes que pretendían ser la versión en la vida real del protagonista de la historia. Esto provocó la prohibición del libro en muchos sitios. En 1974, el sociólogo David Phillips acuñó el término «efecto Werther» para referirse al fenómeno general del llamado suicidio contagioso, inspirado con frecuencia por el suicidio de celebridades, ficticias o no.

Epicteto, siempre el hombre sabio, era consciente de este peligro y me dejó claro que una actitud frívola ante la idea de quitarse la vida no era el camino estoico: «Déjame que describa otro estado mental que se puede encontrar en los que han escuchado equivocadamente estos preceptos. Un amigo mío, por ejemplo, decidió sin ninguna razón dejarse morir de hambre. Me enteré cuando se encontraba en el tercer día de ayuno y le fui a preguntar qué había ocurrido. "Lo he decidido", me dijo. Sí, pero, a pesar de ello, dime qué fue lo que te convenció; porque si tu decisión es correcta, estaremos a tu lado para ayudarte a abandonar la vida, pero si tu decisión está en contra de la razón, entonces debes cambiar de opinión. "Un hombre debe ser consecuente con sus decisiones." ¿Qué estás haciendo? No todas las decisiones, sino las decisiones correctas».[16] Epicteto añadió: «Quédate donde estás y no te vayas sin ninguna razón».[17]

12

Cómo gestionar la ira, la ansiedad y la soledad

> Dondequiera que voy está el sol, está la luna, están las estrellas, los sueños, los augurios, la conversación con los dioses.
>
> EPICTETO, *Disertaciones*, III.22

Con frecuencia se caricaturiza a los filósofos como distantes y siempre preocupados por mirarse el ombligo con cuestiones que no interesan a nadie más. O peor: es posible que solo sean un fraude intelectual, que pretenden reflexionar sobre pensamientos muy profundos cuando en realidad están vendiendo tonterías o trivialidades disfrazadas con un lenguaje incomprensible. Ya en 423 a.C. el gran dramaturgo griego Aristófanes se burló de Sócrates en *Las nubes*,[1] presentándolo como un sofista (no era un elogio, ni entonces ni ahora), aunque parece ser que el sabio, que tenía en aquel momento cuarenta y cinco años, se lo tomó con humor: se cuenta que cuando unos extranjeros que estaban presenciando la obra preguntaron «¿Quién es este Sócrates?», se puso alegremente en pie para que la multitud del teatro pudiera identificarlo.

Quizá como una reacción ante este exceso intelectual, que podía ser real o percibido, las filosofías helenísticas (inmediatamente postsocráticas) tuvieron una tendencia a destacar su pragmatismo, y se puede afirmar que ninguna lo hizo tanto como el estoicismo. Hay pocas cosas más pragmáticas que aprender a gestionar la ira, la ansiedad y la soledad, tres de las grandes plagas de la vida moderna. Por supuesto, y no me cansaré de repetirlo, este no es un manual convencional de autoayuda que promete la panacea universal: vamos a analizar estos temas con calma, razonablemente y con expectativas realistas, como haría un estoico de verdad.

Esta es una actitud que, por supuesto, aprendí de nuestro amigo durante una de nuestras conversaciones, cuando me dijo:

> Ayer tenía una lámpara de hierro al lado de los dioses de mi hogar y al oír un ruido corrí hacia la ventana. Descubrí que se habían llevado la lámpara. Razoné conmigo mismo que el hombre que se la había llevado cedió ante algún sentimiento plausible. ¿A qué conclusión llegué? Mañana, me dije, encontraré una de cerámica. Perdí mi lámpara porque, en cuanto a vigilancia, el ladrón era un hombre más fuerte que yo. Pero consiguió su lámpara a cambio de un precio: por una lámpara se convirtió en ladrón, por una lámpara rompió su fe, por una lámpara se convirtió en un bruto.[2]

Como es habitual, hay muchas cosas concentradas en lo que está diciendo Epicteto y me llevó una larga reflexión sobre sus palabras antes de comprender totalmente lo que quería decir. En primer lugar, destaquemos que no está consternado o enfadado, sino que se centra en los hechos; más aun, llega inmediatamente a un par de conclusiones pragmáticas: que lo que había perdido se podía reemplazar con facilidad (mañana buscaré otra lámpara) y que si quería evitar otro robo, quizá debía optar por un objeto más barato pero igual de eficaz (una lámpara de cerámica en lugar de la de hierro), porque no vale la pena ganar a un ladrón en el juego de la vigilancia. Después se centra en el análisis del significado más profundo del incidente: Epicteto reconoce que el ladrón debe haber actuado cediendo a algún sentimiento plausible: debió considerar que lo que estaba haciendo valía el precio que debía pagar. Pero nuestro sabio no está de acuerdo con la decisión del ladrón, cuya conclusión considera altamente cuestionable: ha conseguido una lámpara de hierro, pero en la transacción ha perdido algo mucho más precioso: su integridad.[3]

Tuve una desafortunada oportunidad para comprobar las enseñanzas de Epicteto mientras escribía este libro. Acababa de subir a un tren de la línea A del metro de Roma con mi pareja; íbamos de camino para encontrarnos con mi hermano y su esposa para pasar una velada agradable. Mientras subía al tren, sentí una resistencia inusualmente fuerte por parte de un tipo que estaba a mi lado, que me estaba empujando con fuerza a pesar del hecho de que había sitio suficiente para los dos en el vagón, que iba lleno pero no abarrotado. Cuando finalmente me di cuenta —unos segundos más tarde— de lo que estaba pasando en realidad, ya era demasiado tarde: mientras el tipo inamovible me distraía, su amigo me quitaba la cartera del bolsillo delantero izquierdo de mis pantalones y bajaba rápidamente del tren justo antes de cerrarse las puertas. El ladrón me había batido en el juego de la vigilancia y lo felicito por su destreza. Mi primera impresión, como dirían los estoicos, fue de sorpresa y frustración porque me habían burlado. Pero mi mente regresó enseguida a Epicteto y me negué de manera categórica a asumir esta impresión. De acuerdo, había perdido la cartera, algo de dinero y unas tarjetas de crédito que tenía que bloquear. Oh, y el carnet de conducir, que tendría que reemplazar. Con las buenas tecnologías electrónicas modernas, ocuparme de todo esto solo me llevó apretar unas pocas teclas en mi teléfono inteligente (¡que seguía en el otro bolsillo delantero!) y unos días de espera. Pero el ladrón había perdido a cambio su integridad. Antes de practicar el estoicismo, una experiencia como esta probablemente me habría dejado enfadado y resentido para el resto de la velada, lo que no habría hecho ningún bien a nadie (esa respuesta no habría afectado al ladrón ni me habría devuelto la cartera). Por el contrario, solo me llevó unos pocos minutos procesar mentalmente lo que había ocurrido y cuando nos encontramos con mi hermano y su esposa, ya estaba todo bien en mi mente, que había vuelto a un estado más tranquilo, y pudimos disfrutar de una velada muy agradable en el cine.

Ni la historia de Epicteto sobre la lámpara ni mi incidente en el metro deberían interpretarse como que aconsejo una actitud fatalista o derrotista. Al contrario, ambas sugieren que demos un paso atrás y analicemos la situación de una manera más racional, teniendo siempre en mente la dicotomía del control entre lo que está en nuestro poder o no. No está en nuestro poder hacer que los robos desaparezcan del mundo, pero está en nuestro poder librar una batalla de atención con los ladrones, si pensamos que valen la pena nuestros esfuerzos y nuestro tiempo. No está en nuestro poder cambiar la decisión del ladrón de que renunciar a su integridad por una lámpara o una cartera es un buen negocio, pero está en nuestro poder considerar la decisión contraria.

Se habrán dado cuenta de que reformular es importante en el estoicismo. Existen correspondencias en el cristianismo (odiar el pecado, no al pecador), y según la investigación psicológica moderna, reformular una situación es un componente esencial de la gestión de la ira y de las emociones.[4] Aun así, me preguntaba si Epicteto no era un poco superficial en su actitud ante el robo y el crimen, así que se lo señalé. Debería haber visto venir la respuesta: «"¡Qué!", dices. "¿No se debería matar a este ladrón y a este adúltero?" No, no digas eso, sino más bien "¿No debería destruir a este hombre que está en un error y engañado sobre los temas más importantes y cegado no solo en la visión que distingue el blanco y el negro, sino en el juicio que distingue el bien y el mal?". Si lo dices así, reconocerás lo inhumanas que son tus palabras; es como decir "¿No debería matar a este ciego o a este sordo?"».[5] En realidad no había sugerido nada parecido a la pena de muerte, pero la cuestión estaba bien planteada: si comprendemos el antiguo concepto griego de *amathia*, sabemos que es mucho más útil pensar en quienes hacen cosas malas como personas equivocadas y por tanto dignas de piedad y ayuda si es posible, sin condenarlas como malvadas. Aunque no se practica demasiado, en especial en Estados Unidos, esta misma idea se encuentra en el trasfondo de algunas de las propuestas más progresistas y efectivas para reformar a los criminales, que se han implantado, por ejemplo, en varios países europeos.[6]

Resulta bastante instructivo detenernos en el consejo de la Asociación Estadounidense de Psicología (en inglés, American Psychological Association, o APA) para personas que deben controlar la ira y la frustración, porque se parece mucho a las intuiciones iniciales de los estoicos,[7] fortalecidas, por supuesto, con una cantidad significativa de descubrimientos empíricos sistemáticos. Para empezar, la APA aconseja practicar diversas técnicas de relajación. Estas incluyen respirar hondo (desde el diafragma, no desde el pecho), junto con un mantra sencillo y significativo. También puede imaginar —visualizando, por ejemplo, una situación tranquila o placentera— y practicar algún tipo de ejercicio no extenuante, como yoga de estiramiento. Aunque los estoicos no desarrollan el concepto del mantra, aconsejaban constantemente a sus seguidores que tuvieran a mano frases sencillas y concisas a las que pudieran recurrir en cuanto preveían un problema. De hecho, todo el *Enquiridión*, el resumen de Arriano de las *Disertaciones* de Epicteto, se puede considerar un manual de recordatorios rápidos de los puntos fundamentales para usar en función del momento. Y Séneca aconsejaba explícitamente respirar hondo y salir a dar un paseo alrededor de la manzana en cuanto se empezase a sentir el aumento incontrolable de la rabia, que consideraba un tipo de locura temporal. También decía, en las cartas a su amigo Lucilio, que es bueno realizar ejercicio con regularidad, incluso en la vejez, no solo porque el ejercicio sirve para mantener el cuerpo en buena forma, sino porque tiene un efecto calmante sobre la mente. He descubierto que todos estos consejos son muy efectivos: mi reacción inmediata favorita, siempre que siento que estoy empezando a perder el control, es excusarme, retirarme a un lugar tranquilo donde pueda respirar hondo durante un ratito (¡con un cuarto de baño es suficiente!) y repetir mentalmente mi mantra preferido: aguante y paciencia, que es una de las frases habituales de Epicteto.

Este consejo, una especie de equipo de primeros auxilios psicológico y mental, es útil para las crisis inmediatas, pero también se tienen que desplegar varias estrategias a largo plazo si se pretende controlar efectivamente la ira, según la APA. Un conjunto de estrategias implica la reestructuración cognitiva, de las que hemos visto un montón de ejemplos estoicos, entre ellos los que acabamos de analizar. La APA nos dice que cambiemos frases habituales como «¡Esto es terrible!» por algo que vaya más por este camino: «Preferiría no tener que enfrentarme a esto, pero lo conseguiré, y enfadarme no me va a ayudar en absoluto». Es más, la sugerencia se centra en transformar las exigencias en deseos, en reconocimiento de que el mundo no se va a inclinar ante todo lo que queramos. Esto se parece mucho a la idea estoica moderna, propuesta por Bill Irvine, de aprender a interiorizar las metas: yo deseo (no quiero o necesito) una promoción, así que voy a hacer todo lo posible para merecérmela. Que la consiga realmente o no, no está bajo mi control, porque depende de diversos factores externos a mi voluntad. Como nos recuerda el artículo de la APA sobre el control de la ira, que podría haber escrito fácilmente el propio Epicteto: «La lógica derrota a la ira, porque la ira, incluso cuando está justificada, se puede volver rápidamente irracional. Así que use la gélida lógica en usted mismo».

A continuación, la APA aconseja que nos preocupemos de resolver el problema (en lugar de quejarnos), pero nos advierte contra una falacia muy habitual: debemos ser conscientes de que —en contra de la creencia cultural común— no es cierto que cada problema tenga una solución. Por eso debemos darnos un margen si no resolvemos todos los problemas, siempre que hayamos hecho todo lo que razonablemente se pueda hacer en las circunstancias concretas. La APA advierte que no nos centremos solo en encontrar una solución, sino en cómo gestionar toda la situación, incluida la posibilidad de no tener éxito en el empeño. De nuevo se trata de ecos de una sabiduría antigua.

Otra manera crucial de controlar la ira está clasificada por la APA como «mejorar la comunicación», específicamente mejorar la comunicación con las personas que nos enfadan. Resulta interesante que un componente muy importante de este consejo se base de nuevo en preceptos estoicos: deberíamos intentar de describir la situación que nos enoja de la manera más desapasionada y precisa posible, lo que Epicteto llama aceptar (o no aceptar) nuestras impresiones, como hice yo cuando me robaron la cartera. En lugar de reaccionar inmediatamente ante lo que está diciendo otra persona —lo que no es nunca una buena idea, porque al hacerlo solo conseguiremos calentar una situación ya caliente—, debemos calmarnos, reformular lo que la otra persona está diciendo, tomarnos tiempo para analizar las posibles razones subyacentes y, solo *entonces*, responder. Por ejemplo, podemos interpretar una petición de un compañero como una invasión indebida e irritante de nuestro espacio personal. Pero ¿es posible que la petición de nuestro compañero surja de su necesidad de más atención y cariño, una necesidad que se puede acomodar de alguna otra manera que no nos haga sentir como si hubiéramos entrado en prisión?

La APA también aconseja el humor como un antídoto contra la ira, y hemos visto cómo lo utilizaban los antiguos estoicos como Epicteto (si tengo que morir ahora, entonces moriré ahora; pero si es más tarde, entonces ahora voy a cenar, porque es la hora de la cena) y por los modernos como

Irvine (oh, ¿cree que el ensayo que escribí estaba esencialmente equivocado? ¡Eso es porque no ha leído todos los demás ensayos que he escrito!). No obstante, la APA también recomienda con razón que se utilice el humor de manera juiciosa: no debemos simplemente reírnos de nuestros problemas (o, peor, de otras personas) ni cruzar la delgada línea entre el humor y el sarcasmo. El sarcasmo, un tipo de respuesta agresiva y denigrante, rara vez es útil y desde luego no lo es en las situaciones que implican conflicto e ira. Pero ¿cómo explicamos la diferencia entre humor y sarcasmo? Esto lleva su práctica, así como el ejercicio de la virtud cardinal de la sabiduría, que se basa precisamente en aprender a navegar a través de las situaciones complejas en las que no tenemos una línea clara que separa al negro del blanco, como casi todo lo que ocurre en la vida real.

Otras sugerencias de los psicólogos profesionales incluyen el cambio de ambiente, por ejemplo, al separarse físicamente de la situación problemática; cambiar el momento de la interacción con otras personas si el instante presente no parece ser el mejor para resolver el problema, pero siempre teniendo la seguridad de fijar un momento alternativo para regresar a fin de enviar la señal de que no lo está evitando; practicar el retraimiento para no exponerse, si es factible, a la causa de angustia; y encontrar maneras alternativas para hacer lo necesario para reducir la posibilidad de conflicto al tiempo que permite alcanzar las metas. No encontramos todas estas sugerencias en los textos antiguos de los estoicos, pero todas ellas están en sincronía con la idea estoica fundamental de que para vivir una buena vida debemos aprender cómo funciona realmente el mundo (frente a cómo nos gustaría que funcionase), y de que también debemos aprender a razonar correctamente para enfrentarnos al mundo tal como es. Analizar y usar los descubrimientos adecuados de la psicología moderna para florecer en nuestra vida es, en consecuencia, lo más estoico que se puede hacer.

* *

Epicteto también tenía que decirme algunas cosas interesantes sobre la ansiedad. Solía estar más ansioso antes que ahora, un cambio que atribuyo en gran medida a la experiencia (resulta que muchas cosas no son tan malas como uno imagina que son antes de que ocurran) y un poco a la madurez emocional que es casi inevitable con el paso de los años y el cambio del perfil hormonal de la persona. Pero Epicteto me ayuda a dar un salto adelante adicional. Recalcó, por ejemplo, que al igual que la ira no es habitualmente demasiado razonable, tampoco lo es la ansiedad, y de hecho ambos sentimientos pueden representar un obstáculo importante para nuestros proyectos y nuestra calidad de vida.

¿Por qué nos ponemos tan ansiosos por tantas cosas? «Cuando veo un hombre en estado de ansiedad, me digo: "¿Qué puede desear este hombre? Si no quería algo que no está en su poder, ¿cómo es posible que siga estando ansioso? Es por esta razón que alguien que canta con la lira no está ansioso cuando toca solo, pero cuando entra en el teatro, aunque tenga una buena voz y toque muy bien, no solo quiere tocar bien, sino ganarse un nombre, y eso está más allá de su control".»[8] Esta es otra versión de la idea cardinal de Epicteto de la dicotomía del control, pero la manera en que la expresa en este pasaje me sorprendió como una verdad obvia, y por ello aplicable a innumerables experiencias personales en las que mi reacción fue un fuerte «¡Bah! ¿Cómo es posible que no me diera cuenta de eso?».

Cuando me pongo, por ejemplo, delante de un aula llena de estudiantes, no tengo ninguna razón para estar ansioso porque estoy bien preparado para explicar la materia. Soy un profesional, sé lo que estoy haciendo y tengo mucha experiencia en el tema, desde luego mucha más que cualquiera de mis estudiantes. Entonces, la ansiedad está provocada por el miedo subyacente a decepcionar a los alumnos, por no ser lo suficientemente claro, entretenido, útil, etc. Pero la única manera de evitar estas circunstancias es haciendo lo que ya he hecho: prepararme para alcanzar el máximo de mis capacidades. No se puede hacer nada más, así que no existe ninguna razón para una preocupación (adicional), mucho menos para estar ansioso por el resultado. Repito que este no es un consejo para ignorar o minimizar mi deber hacia mis alumnos. Se trata sencillamente de una evaluación razonable de la situación en la que me encuentro, con el objetivo de llegar a una distinción útil sobre las cosas por las que debo preocuparme o no. Más aún, si al final quedase «avergonzado» delante de mi clase, ¿qué es exactamente lo peor que podría ocurrir? ¿Que algunos jóvenes se riesen de mi error, fuera cual fuese? Cosas peores ocurren en el mar, como cantan los Monty Python.[9*]

Quiero dejar claro que soy perfectamente consciente de que algunos trastornos mentales pueden provocar un tipo de ansiedad que la «gélida lógica», como sugiere la APA, no puede superar por sí misma. Pero se trata de trastornos, es decir, de situaciones patológicas, para las que la psicología y la psiquiatría modernas están empezando a proporcionar remedios —aunque sean imperfectos—, tanto en forma de terapias analíticas como farmacológicas. Como dijo mi colega Lou Marinoff en el prefacio a su *best seller Más Platón y menos Prozac,* estas terapias cumplen la tarea importante, pero insuficiente, de calmar la mente hasta el punto de que pueda volver a ser funcional. Pero por sí mismas no van a pensar por usted, y es la reevaluación de toda una serie de situaciones de la vida lo que promete proporcionar una senda hacia la *eudaimonía.*

Esta es la razón por la que resulta peculiar que la gente tienda a prestar atención —y preocuparse por ellas— exac-

* El autor se refiere a la canción *Always look on the bright side of life* (Mira siempre el lado bueno de la vida) de la película *La vida de Brian.* Se trata de una expresión popular que significa que las cosas no son tan malas como parecen. *(N. del T.)*

tamente al tipo de cosas equivocadas. Epicteto me lo explicó de esta manera: «Estamos ansiosos por nuestro trocito de cuerpo, por nuestro trocito de propiedad, por lo que va a pensar César, pero no estamos en absoluto ansiosos por todo lo que tenemos dentro. ¿Estoy ansioso por no concebir una idea falsa? No, porque eso depende de mí. ¿O por aceptar un impulso contrario a la naturaleza? No, por eso tampoco».[10] Aquí la cuestión es más filosófica que psicológica, por supuesto; Epicteto está hablando del curso a largo plazo de nuestra vida en lugar del problema inmediato al que debemos enfrentarnos. Pero aun así, esta cuestión es fundamental. Una persona religiosa, para explicarlo de una manera ligeramente diferente, hablará en términos de cuidar el alma en lugar del cuerpo o nuestras posesiones, pero la idea es la misma: solemos adoptar las prioridades invertidas y nos preocupamos por cosas que en última instancia son menos importantes y desde luego están menos bajo nuestro control antes que de aquellas que deberían preocuparnos realmente y en las que deberíamos centrar nuestro tiempo y energía. Deje que César (o su jefe) piense lo que quiera, usted tiene que dedicarse a la tarea crucial de mejorar su carácter y mantener su integridad. Si es una buena persona, César (o su jefe) lo tendrá en consideración. Si no lo es, en última instancia la pérdida es suya, como para el ladrón que robó la lámpara de Epicteto y el que me birló la cartera.

Yo vivo en una gran ciudad, pero aun así paso la mayor parte del día solo, leyendo y escribiendo, en casa o en uno de mis dos despachos, que habitualmente están libres de colegas o alumnos. Paso así mi tiempo por decisión propia y se ajusta muy bien a mi personalidad. Pero no puedo evitar plantear a Epicteto el tema de la soledad, porque parece que es una de las grandes cuestiones que afectan a la sociedad moderna, no solo a la occidental ni únicamente en las grandes ciudades. En la actualidad no es difícil encontrar titulares que dicen: «La epidemia de soledad: estamos más conectados que nunca, pero ¿nos sentimos más solos?», «¿La vida moderna nos está convirtiendo en solitarios?», «La soledad de la sociedad americana», y otros muchos más.[11]

Un artículo publicado por Colin Killeen en el *Journal of Advanced Nursing* ofrece un análisis interesante de la soledad desde una perspectiva moderna y científica.[12] Para empezar, Killeen distingue la soledad [involuntaria] de otros conceptos similares y relacionados, pero aun así diferentes, como alienación (que puede ser el resultado, o en algunos casos la causa, de la depresión) y la soledad [voluntaria][*] (que en realidad tiene una connotación positiva y se ajusta más a mi propio comportamiento). Resulta interesante que el artículo presente una clasificación de lo que Killeen llama el «continuo alienación-conectividad» desde lo negativo a lo positivo —alienación <> soledad [involuntaria] <> aislamiento social <> aislamiento <> soledad [voluntaria] <> conectividad— con la perspectiva social que va de lo negativo en el extremo de la alienación a lo positivo en el lado de la conectividad. El autor superpone a este continuo lo que llama un «continuo elegido»: desde la no elección (alienación, soledad [involuntaria]) en un extremo a la elección total (soledad [voluntaria], conectividad) en el otro. Este continuo elegido pertenece, por supuesto, a las causas externas de la soledad [involuntaria], no a las actitudes internas, que se encuentran más dentro del dominio propiamente dicho del pensamiento estoico. Volveré sobre ello en un momento.

¿Cuáles son las causas de la soledad [involuntaria]? El artículo de Killeen proporciona un resumen muy útil en un diagrama para identificar una serie de causas relacionadas

* El autor diferencia entre *loneliness* y *solitude*, que se traducen en los dos casos como «soledad». La primera se refiere a una soledad involuntaria, no deseada y que se vive con angustia, mientras que la segunda es la soledad voluntaria y deseada, que se experimenta sin angustia ni rechazo. *(N. del T.)*

con nuestra situación y con nuestro carácter que conducen a esa soledad, incluido el pesar, la vulnerabilidad psicológica, una red social reducida, la depresión y cambios radicales de vida. Todo esto está acompañado por una serie de factores asociados, entre ellos la edad, el sexo y la salud. La conclusión, desde el punto de vista de Killeen, es que no existe ninguna «solución» al problema de la soledad [involuntaria] porque es extremadamente multifactorial y depende tanto de factores personales (psicológicos, situacionales) como estructurales (sociales). Entonces, ¿qué? Aquí está el comentario del autor, sorprendentemente sobrio pero de una honestidad refrescante: «[La soledad involuntaria] es una parte tan innata de la psique humana que no se puede resolver como un rompecabezas; solo se puede aliviar y conseguir que sea menos dolorosa. Esto solo se puede conseguir aumentando la conciencia de la humanidad sobre esta condición angustiante que todos debemos soportar en cierta medida, tiempo o forma, en algún momento de la vida, sin que haya nada de lo que avergonzarse por ello».[13]

Estas palabras calaron en mí en parte porque me recordaron con fuerza el consejo de Epicteto sobre el mismo tema: «El estado de abandono es la condición de alguien que no recibe ayuda. Pero un hombre no está abandonado simplemente porque esté solo, de la misma manera que un hombre en una multitud no está acompañado. Según esta concepción, el término *abandonado* significa que un hombre no recibe ninguna ayuda, está expuesto a los que quieren hacerle daño. Pero aun así, un hombre tiene que prepararse también para la soledad: debe ser capaz de ser suficiente para sí mismo y capaz de estar consigo mismo».[14] Como dice Killeen: no existe ninguna razón para avergonzarse porque (cierto grado de) soledad [involuntaria] es una condición natural de la humanidad, y los estoicos rechazan por completo la idea de avergonzarse, en especial con respecto a las expectativas sociales, ya que no tenemos ninguna influencia sobre los juicios de las otras personas, solo sobre nuestro propio comportamiento. Cabe señalar que Killeen utiliza la palabra *soportar*, que es de lo que está hablando Epicteto.

Una distinción entre soledad y estar solo habría quedado perfectamente clara para los estoicos: esto último es una descripción factual, mientras que la primera es una valoración que imponemos sobre dicha descripción, y es este juicio, y no el hecho desnudo, lo que nos hace sentir rechazados e impotentes. No obstante, es muy importante resaltar que existe un mensaje positivo en las palabras de Epicteto, que puede parecer bastante severo a primera vista: la otra cara del aguante es la resiliencia, y la resiliencia es fortalecedora. Tenemos poco o ningún control sobre las circunstancias externas que nos obligan a estar solos en algún momento de nuestra vida. Pero (salvo por condiciones patológicas, para las que es necesario buscar ayuda médica) es nuestra elección, nuestra actitud, lo que convierte la soledad [voluntaria] en soledad [involuntaria]. Es posible que estemos solos, pero no por ello debemos necesariamente sentirnos impotentes.

13

Amor y amistad

> Entonces, quien tenga conocimiento de las cosas buenas, sabrá cómo amarlas; pero alguien que no sea capaz de distinguir las cosas buenas de las malas, y las cosas indiferentes de ambas, ¿cómo tendrá el poder de amar?
>
> EPICTETO, *Disertaciones*, II.22

Un día, un padre desconsolado fue a buscar el consejo de Epicteto. Su hija estaba muy enferma y no pudo soportarlo más, así que salió corriendo de su casa a causa del dolor.

—Soy tan desgraciado a causa de mi pobre hija, que últimamente cuando caía enferma y se creía que estaba en peligro, no podía soportar estar cerca de ella, de manera que huía de ella, hasta que alguien me traía la noticia de que se encontraba bien.

—Bueno, ¿crees que hiciste bien al hacerlo?

—Era natural, todos los padres, o al menos la mayoría de nosotros, sentimos lo mismo.[1]

Epicteto conversa extensamente con el padre desconsolado, porque los estoicos consideraban muy importante «seguir a la naturaleza», aunque con ello no querían decir que se debía seguir todo lo que ocurría «naturalmente», como dejar a tu hija al cuidado de los demás porque sientes demasiado dolor. Epicteto le dijo al hombre que no negaba que muchos padres sintiesen lo mismo que él, o que no fuera natural. Pero la cuestión era si estaba haciendo bien. Así que procedió de una manera socrática clásica:

—Te pregunto: ¿era correcto para ti, que sientes gran cariño y disposición hacia tu hija, salir corriendo y abandonarla? ¿Su madre no ama a la niña?

—Desde luego que la ama.

—Entonces, ¿la madre también tendría que haberse ido o no?

—No debería haberlo hecho.

—¿Y la niñera? ¿Quiere a la niña?

—Por supuesto.

—Entonces, ¿tendría que haberla dejado?

—De ninguna manera.

—Vuelvo a repetir: ¿el cuidador de la niña no siente cariño por ella?

—Lo siente.

—Entonces, ¿también tendría que haberse ido? ¿Era correcto como consecuencia de todo ello que la niña hubiera quedado desamparada e impotente por el gran afecto de vosotros, sus padres, y todos los que la rodean, o que hubiera muerto en manos de aquellos que no sentían ningún cariño ni se preocupaban por ella?

—¡No lo quiera el Cielo!

—Dime, ¿te habría gustado, si estuvieras enfermo, que tus parientes y todos los demás, incluso tu esposa e hijos, mostrasen su afecto por ti de tal manera que te dejasen solo y desamparado?

—¡Desde luego que no!

—¿Rezarías para ser tan amado por tu propia gente como para que siempre te dejasen solo cuando estuvieras enfermo por su exceso de afecto, o, si se tratase de quedarse solo, preferirías rezar, suponiendo que fuera posible, para tener el afecto de tus enemigos?

Pueden ver a dónde conduce el diálogo. Pero aun así muchas personas no acaban de entender lo que Epicteto, y en general los estoicos, están intentando transmitir. Desde luego, podemos seguir su lógica innegable, pero ¿no está diciendo que el amor de un padre por su hija debe someterse al deber? ¿Y no es esa una visión más bien estéril, incluso inhumana, del amor y del afecto?

Lo sería si esta lectura superficial de la anécdota reflejase lo que realmente quiere decir Epicteto, pero no lo hace y está muy lejos de ello. La clave está más bien en que el afecto humano necesita la guía —incluso el entrenamiento— de una evaluación cabal de cualquier situación que dispara nuestros sentimientos. Es innegablemente cierto que el padre no debería haber dejado a su hija sola para evitar su propio dolor. Epicteto lo muestra con elegancia al establecer el paralelismo entre el padre y los otros cuidadores de su hija —en comparación con los cuales queda claro que actuó mal— y al pedir al hombre que considere durante un instante si al encontrarse él mismo en el lugar de su hija, qué le habría parecido un comportamiento similar por parte de sus seres queridos.

Pero esto es solo la mitad del razonamiento estoico: existe una diferencia entre lo que es natural y lo que es correcto, y debemos llegar a la decisión correcta que a veces dejará de lado lo que es natural para favorecer lo que es correcto. Esta afirmación deriva de la teoría estoica de la *oikeiôsis*, que ya hemos visto en forma de los círculos de preocupación de Hierocles, que se van ensanchando (o contrayendo, para ser precisos). La idea es que empezamos a vivir solo con comportamientos instintivos, algunos de los cuales son bastante egoístas, como la reacción «natural» del padre ante el dolor de su hija. Sin embargo, cuando entramos en la edad de la razón hacia la mitad de la niñez, empezamos a tener la capacidad de reflexionar sobre las cosas y de separar lo natural de lo bueno cuando es necesario. Pero no se trata simplemente de dejar que la razón «fría» se haga cargo de las emociones. No funciona de esa manera y, si los estoicos hubieran abogado realmente por una idea tan simplista, habrían sido unos psicólogos muy malos, y desde luego no lo eran.

Epicteto le explicó una vez a sus discípulos: «Pero a pesar de que somos capaces de escribir y leer estos sentimientos, a pesar de que podemos alabarlos mientras los leemos, no nos proporcionan ninguna convicción ni nada por el estilo. Por ello el proverbio sobre los lacedemonios, leones en casa, zorros en Éfeso, también se aplica a nosotros. ¡En el aula somos leones, y zorros en el mundo exterior!».[2] Lo que quería decir era que simplemente reconocer la verdad de algo no es suficiente: se tiene que practicar, una y otra vez, hasta que se desarrolla una costumbre que incorpore una conclusión racional en el repertorio de los instintos. Piense en practicar la filosofía de la misma manera que se aprende a conducir un coche, o a darle patadas a un balón de fútbol, o a tocar el saxofón. Al principio se trata de prestar una atención consciente a lo que estamos haciendo, y preguntar por qué, y como consecuencia el resultado es bastante malo, cometiendo continuamente errores y sintiéndonos frustrados. Pero poco a poco, la repetición de movimientos deliberados hace que nuestras acciones sean más y más automáticas, hasta que se convierte en una segunda naturaleza apretar el freno cuando alguien cruza inesperadamente la calle, pasar el balón al compañero de equipo que de repente ha quedado desmarcado por el despiste de los defensas contrarios, o tocar la secuencia correcta de notas al ritmo adecuado para producir la melodía que se quiere emitir con el instrumento. La verdadera filosofía consiste en poca teoría y un montón de práctica: «Vemos que el carpintero se convierte en carpintero al aprender ciertas cosas, el timonel se convierte en timonel al aprender ciertas cosas. Entonces, ¿podemos inferir que en la esfera de la conducta tampoco es suficiente con el simple deseo de volverse bueno, sino que se deben aprender ciertas cosas? [...] En la actualidad no estamos faltos de argumentos: no, los libros de los estoicos están llenos de ellos. Entonces, ¿qué es lo que queremos? Queremos al hombre que aplique sus argumentos y dé testimonio de ellos a través de la acción».[3]

A pesar del énfasis (correcto) de Epicteto en la práctica, en realidad los antiguos griegos desarrollaron una comprensión teórica sofisticada del amor, uniendo una serie de concepciones diferentes sobre él, algunas de las cuales son pertinentes para el segundo tema de este capítulo: la amistad. Habitualmente, los estudiosos distinguen entre *agápe*, *éros*, *philía* y *storgē*. *Agápe* se refiere al tipo de amor que se siente por la esposa y los hijos, y que posteriormente los cristianos asociaron con el amor de Dios por toda la humanidad: como lo explicó Tomás de Aquino, *agápe* es la voluntad de hacer el bien a los demás. Si cree que sabe lo que significa *éros*, tendrá que pensar un poco más. Sí, la palabra tiene el significado claro de placer sensual y atracción sexual, pero, como explicó Platón en *El banquete*, *éros* amplía su significado en un aprecio por la belleza interior de la persona, y a través de él expresamos nuestra admiración por la propia belleza, sin importar su encarnación específica. *Philía* es el amor desapasionado y virtuoso que sentimos por los amigos, la familia y la comunidad porque los vemos y tratamos como iguales. Finalmente, *storgē*, una palabra que se usa mucho menos, se refiere específicamente al amor por los hijos, pero también, y esto resulta interesante, por el país o el equipo deportivo. Lleva aparejado el significado de un amor que se siente intrínsecamente sin que tenga nada ver con la razón o la reflexión.[4]

Resulta difícil negar que la palabra «amor» por sí misma no capta la totalidad de estos matices, lo que es desafortunado porque seguramente nos gustaría distinguir el amor que sentimos por nuestra pareja, hijos y amigos del que sentimos, por ejemplo, por nuestro país y por Dios. En cualquier caso, la pregunta estoica será la misma que Epicteto le planteó al padre desconsolado: puede que sea natural, pero ¿es correcto?

Con frecuencia nos dicen, por ejemplo, que debemos amar a nuestro país, «tenga razón o no», o a nuestro equipo sin importar si gana o pierde. Supongo que ambos serían un tipo de amor *storgē*, pero un estoico plantearía que amar algo «tenga razón o no» no se puede aplicar de la misma forma en los dos casos. De hecho, esta frase famosa tiene dos fuentes, una derivada de la otra, que se pueden usar para ver por qué los estoicos tenían razón al decir que algunos tipos de amor —los importantes— se tenían que confrontar con lo que es correcto, no solo con nuestros sentimientos sobre la cuestión. La atribución original de la cita es Stephen Decatur, un oficial naval de Estados Unidos que supuestamente dijo en un brindis después de cenar en 1818, más o menos: «¡Nuestro país! En su relación con las naciones extranjeras, que siempre tenga razón, pero tenga razón o no, ¡nuestro país!». Comparemos esto con la versión derivada, atribuida al secretario del Interior de Estados Unidos, Carl Schurz, que la usó en una declaración ante el Senado el 29 de febrero de 1872: «Mi país, tenga razón o no; si tiene razón, para mantenerla; si no la tiene, para dársela».

Suscribo que la versión de Decatur es más apropiada para los equipos deportivos: «¡AS Roma! En su relación con otros equipos, que siempre resulte victorioso, pero victorioso o no, ¡AS Roma!». Hay algo encantador en la lealtad inofensiva hacia un equipo deportivo, sin importar —y de hecho en especial— si suele encontrarse en el lado de los perdedores. Pero la fidelidad ciega a un país puede ser —e históricamente lo ha sido en incontables ocasiones— extremadamente peligrosa. De hecho, no sé si Schurz leyó nunca a Epicteto, pero el secretario estadounidense expresó en esencia lo mismo que el filósofo con la historia del padre desconsolado: sí, es comprensible, e incluso recomendable, albergar ciertos sentimientos naturales por nuestros hijos o por nuestro país. Pero como estamos hablando de seres humanos y de política exterior, respectivamente, no de equipos deportivos, se debería recurrir a la razón para guiar nuestras acciones: puedo sentir que quiero huir de casa porque no puedo soportar ver el dolor de mi hija, pero lo correcto es quedarme y apoyarla. Puedo sentir que mi país es una parte esencial de mi identidad, lo que justifica que sienta una preocupación especial por él, pero cuando se trata de emprender acciones que son nocivas para él mismo o para los demás, entonces tengo el deber de levantar la voz. Si algo importa realmente, los sentimientos y la razón no se pueden separar y no se puede ignorar a esta última.

Como la amistad es un tipo de amor, según los grecorromanos, es natural que reciba el mismo tratamiento estoico por parte de Epicteto que las relaciones familiares:

> ¿Dónde puede estar la amistad sino donde están la fe y el honor, donde los hombres dan y toman lo que es bueno, y nada más? «Pero me cuidó durante todo este tiempo: ¿y no me quería?» ¿Cómo sabes, esclavo, si te ha prestado esta atención como un hombre limpia sus zapatos como al burro? ¿Cómo sabes si, una vez pierdas la utilidad como cacharro, no te tirará como un plato roto? [...] ¿Eteocles y Polinices no eran de la misma madre y del mismo padre? ¿No se habían criado juntos, no habían vivido juntos, no habían bebido juntos, no habían dormido juntos, no se habían besado muchas veces? De modo que si alguien los hubiera visto, sin duda se reiría de los filósofos por las cosas increíbles que dicen sobre el cariño. Pero al caer entre ellos el poder como un trozo de carne, mira qué cosas dicen:[5]
>
> P. ¿Ante qué torre te pondrás?
> E. ¿Por qué me lo preguntas?
> P. Porque me pondré enfrente de ti para matarte.
> E. Me embarga el mismo deseo.
>
> (EURÍPIDES, *Las fenicias*, 621)

De acuerdo, el maestro me ha despertado la vena poética y, además, Eteocles y Polinices eran hermanos, no solo amigos, pero eso no invalida su argumento: la verdadera amistad, como el amor verdadero, se revela cuando las cosas van mal, no cuando todo es fácil y bonito.

Desde la perspectiva estoica, la amistad, como todo lo demás excepto nuestro carácter moral, es un indiferente preferido. Esto plantea cuestiones interesantes porque significa, por ejemplo, que no puede existir nada parecido a una amistad (estoica) entre criminales, si «criminal» se refiere no solo a alguien buscado por la ley (al fin y al cabo, Nelson Mandela era un criminal desde el punto de vista del gobierno sudafricano del *apartheid*), sino a una persona que participa en despreciables actos de violencia o latrocinio. Esto es cierto no solo porque es bastante difícil imaginar a un criminal virtuoso, sino también porque cada vez que un criminal ayuda a su amigo criminal, por ejemplo, a escapar de la justicia, coloca su amistad hacia el otro por delante de su integridad moral, precisamente lo contrario del conjunto de prioridades estoicas.

El mismo problema se aplica al amor, tanto hacia nuestros parientes como hacia nuestra pareja. La literatura mundial (incluida la literatura grecorromana) está llena de historias de personas que colocan el amor por encima de todo lo demás, provocando a veces consecuencias bastantes desagradables para sí mismas, para la otra persona o para terceros inocentes. Pero con frecuencia se nos anima a admirar a esos individuos, porque, al fin y al cabo, «el amor lo puede todo». Dejando de lado el hecho de que «el amor lo puede todo» solo en un mundo altamente disneyficado, los estoicos dirían simplemente que esos no son casos de verdadera amistad o de verdadero amor precisamente porque muestran una «amistad» y un «amor» que predominan sobre el carácter moral de la persona. Ya hemos conocido a Medea que, antes de volverse completamente loca y matar a sus propios hijos para vengarse de su marido infiel, Jasón, había traicionado a su padre y matado a su hermano para ayudar a Jasón a robar el legendario vellocino de oro, supuestamente por amor a él. Según los estoicos, fuera lo que fuese que Medea sentía por Jasón, ese sentimiento en realidad no era amor. Y tampoco lo es lo que a menudo se designa así en muchas noticias contemporáneas que aparecen en los medios de comunicación y que son tan horribles como el antiguo relato de Medea.

En este punto se podría sospechar razonablemente que los estoicos estaban empleando un truco semántico cuando afirmaban que lo que muchas personas consideran amistad o amor en realidad no son tales. Pero eso sería errar el tiro: los estoicos eran agudos observadores de la psicología humana (una actividad descriptiva) y pensadores sofisticados sobre la moralidad humana (una actividad prescriptiva). Habrían aceptado con facilidad que Medea sentía lo que habitualmente se describe como «amor» por Jasón, o que, por ejemplo, dos capos de la mafia pueden ser «amigos» según la acepción común. Pero habrían añadido, por la fuerza de su comprensión de la ética, que esas son las palabras erróneas para describir lo que ocurre en esos casos. ¿Por qué importa esto? Porque si utilizamos «amor» y «amistad» para describir situaciones en que la moral es vencida y situaciones en las que esta resulta esencial, entonces confundimos las cosas por no realizar una distinción semántica cuando existen diferencias sustanciales. «Solo es semántica» es una manera extraña de rechazar aclaraciones del lenguaje que a veces son necesarias, porque nuestra capacidad para comunicarnos y entender a los demás depende de la semántica, es decir, de un uso preciso del lenguaje.

Permítanme exponer un ejemplo de Aristóteles, que desde luego no era un estoico. (Séneca, que sin lugar a dudas era un estoico, se ayudó de las ideas de la escuela rival de Epicuro argumentando que la verdad era propiedad de todo el mundo, sin importar de dónde venía, así que aquí solo estoy siguiendo su ejemplo.) Aristóteles estaba bastante obsesionado con las taxonomías; por ejemplo, propuso un amplísimo abanico de doce tipos diferentes de virtudes en lugar de los sencillos cuatro tipos de los estoicos, aunque al final todos los tipos de virtudes en realidad solo son aspectos diferentes de la sabiduría. Cuando se trata de la amistad, Aristóteles se centra en especial en la *philía*, que, como hemos visto, se refiere a la relación no solo con los que en la actualidad llamamos amigos sino también con la familia más cercana, por eso no resulta extraño que Epicteto recurriera a la historia de los hermanos Eteocles y Polinices en su discusión sobre la amistad. Aristóteles distinguía entre tres tipos de amistad que creo que siguen ofreciendo un marco útil hoy día: amistad de utilidad, amistad de placer y amistad de los buenos.

Una amistad de utilidad es lo que actualmente llamamos una relación basada en beneficios recíprocos, por ejemplo, la relación con nuestro peluquero favorito. Mi madre dirigió un negocio similar durante muchos años en Roma y quedaba claro, incluso para un observador ocasional, que su relación con sus clientas no era solo de negocios. Esas mujeres pasaban una parte significativa de su tiempo, durante períodos prolongados de su vida, dejando que mi madre y sus ayudantes se ocuparan de su cabello y de otros aspectos estéticos, como las uñas. Mientras el trabajo se realizaba de manera profesional, se hablaba mucho sobre todo tipo de temas, que iban de los asuntos personales hasta la política. (Pero no recuerdo que se hablase mucho de filosofía.) Esto desde luego no convertía a mi madre en una «amiga» de las mujeres que iban a su salón en el sentido estricto del término, pero la convertía en algo más que una persona anónima con la que solo mantenían una transacción comercial. La idea de los antiguos era buena: aunque la relación se establece en gran medida por los beneficios prácticos mutuos y se puede terminar en cuanto se agoten esos beneficios, seguiremos actuando de manera cordial y mantendremos una relación social positiva con otros seres humanos, porque es lo más correcto y agradable que podemos hacer: correcto porque tratamos a los demás como un fin en sí mismo, no solo como un medio para alcanzar un fin, como habría dicho Kant; y agradable porque somos seres sociales por naturaleza que obtenemos satisfacción al hablar con otros seres sociales.

Una «amistad de placer», la segunda categoría aristotélica de la *philía*, se basa de una manera bastante obvia en el placer (también recíproco). Pensemos en compañeros de salidas o en personas con las que compartimos una afición. Como la amistad de utilidad, esta también se basa en el beneficio mutuo, solo que esta vez el beneficio no es instrumental sino placentero. Al igual que en la amistad de utilidad, no es necesario que la amistad de placer sea profunda, aunque en la actualidad probablemente utilizaremos la palabra «amigo» en lugar de «conocido» para estos casos. Y por supuesto, como la amistad de utilidad, la amistad de placer también podrá terminar cuando se disuelva el pegamento social que la unía, por ejemplo porque perdemos interés en una afición en particular, o descubrimos un lugar nuevo donde tomar unas copas en una parte diferente de la ciudad.

La tercera categoría de la amistad aristotélica va mucho más allá de los requerimientos mínimos que la mayoría de las personas esperarían ver cumplidos antes de llamar amigo a alguien: una amistad de los buenos es el raro fenómeno de dos personas que disfrutan de su mutua compañía porque encuentran en el otro una afinidad de carácter que no requiere nada externo como intercambios de negocios o una afición. En estos casos, nuestros amigos se convierten, como expresó Aristóteles, en espejo de nuestra alma, ayudándonos a crecer y a convertirnos en personas mejores solo porque les importamos. Una vez más, es posible ver por qué la «amistad de los buenos» puede referirse no solo a la amistad en el sentido moderno de la palabra sino también a la relación con miembros de la familia o con nuestra pareja.

Repito, Aristóteles no era estoico y los estoicos habrían dicho que la única amistad que merece de verdad que se la llame amistad es la de los buenos. Sin embargo, lo más importante es que no habrían negado la existencia ni la importancia de las otras dos clases. Pero las habrían confinado a la categoría de «indiferentes preferidos»: cosas que puedes tener y cultivar, mientras no afecten a tus virtudes y tu integridad moral.

Vale la pena destacar que la categorización grecorromana de los tipos de amor y amistad no solo es mucho más rica que la nuestra, sino también que está organizada conceptualmente de una manera algo diferente: asocian aspectos de las relaciones que nosotros mantenemos diferenciados, como cuando diferenciamos «amigos» (de un tipo) de los miembros de la familia (de otro tipo) y de los conocidos por negocios. Al final, los conceptos, y las palabras que nos permiten desplegarlos, son útiles mientras ayuden a navegar por las realidades de nuestro mundo, en especial por nuestro entorno social. Pero no será una sorpresa para el lector el hecho de que admire la riqueza del vocabulario de los antiguos en este aspecto, y sugeriría que quizá hemos perdido algo significativo cuando hemos rebajado nuestro lenguaje. Al fin y al cabo, un lenguaje más rico en significados refleja mejor los matices del pensamiento y mejora nuestra capacidad para transitar por la existencia.

14

Ejercicios espirituales prácticos

> No admitas el sueño en tus tiernos párpados hasta que hayas evaluado cada uno de los hechos del día: ¿cómo he errado, qué he hecho o dejado de hacer? Empieza así y revisa tus actos y entonces por los actos infames amonéstate, por los buenos alégrate.
>
> EPICTETO, *Disertaciones*, III.10

Creo que ya hemos hablado lo suficiente con Epicteto como para tener una buena idea de en qué consiste el estoicismo, tanto en la teoría como aplicada a la práctica en la vida cotidiana, ya sea en el Imperio romano en el siglo II a.C. o en la actualidad durante el siglo XXI. Entonces, ¿cómo se supone que debemos experimentar hoy día el estoicismo como una filosofía viva?

No existe una sola manera, ni hay un conjunto fijo de doctrinas que se parezcan en nada a un catecismo religioso que se pueda seguir, lo que me parece un aspecto positivo incondicional. Pero hay personas —como yo mismo y los autores de varios libros recientes sobre el estoicismo—[1] que han desarrollado una práctica basada en una combinación de lo que se puede encontrar en los textos antiguos, técnicas modernas derivadas de la terapia cognitiva conductual y otras similares, y lo que nos funciona o no desde el punto de vista individual. Diferentes enfoques del estoicismo funcionan mejor para personas diversas, así que lo mejor es tomar los consejos que se presentan a continuación como un conjunto de sugerencias, no como reglas rígidas a las que aferrarse sin importar las circunstancias.

Naturalmente, consulté a Epicteto en persona y me dirigió a su *Enquiridión*, que literalmente significa «manual». Por supuesto, él no escribió el libro (por lo que sabemos, en realidad no escribió nada); el *Enquiridión* fue recopilado por Arriano de Nicomedia. En este punto, no estoy seguro de si me sentiría cómodo si mi legado a la humanidad fuera un puñado de notas de mis clases tomadas por uno de mis alumnos, pero algunos estudiantes son más brillantes que otros y, en cualquier caso, esto es lo que tenemos de Epicteto. Como es natural, nuestro legado es otra de las cosas que no controlamos, aunque tenemos el control sobre cómo interpretamos y usamos el de otra persona.

Pero repito que Arriano no era un estudiante medio, ni siquiera para aquella época. Se convirtió en un historiador muy conocido, un comandante militar y un servidor público del Imperio romano, siendo elegido cónsul en 130 d.C. y después prefecto de la provincia de Capadocia. Es probable que Arriano asistiera a la escuela de Epicteto entre 117 y 120 d.C., y después siguió unido durante algún tiempo a su maestro en Nicópolis. Al final, Arriano se fue a Atenas y después se embarcó en una carrera distinguida, que culminó con su nombramiento como senador por parte del emperador Adriano. Cuando se retiró, Arriano regresó a Atenas, donde se convirtió en arconte, o magistrado principal (parece que no podía quedarse quieto y no hacer nada). Murió durante el reinado de Marco Aurelio, el emperador estoico. El poeta Luciano de Samósata escribió que Arriano era «un romano de primera fila con un constante deseo de aprender». Las notas de mis clases que tomase un alumno de este tipo creo que serían más que aceptables.

He repasado el *Enquiridión*, compilado por Arriano sobre la base de las clases de Epicteto, y he sintetizado doce «ejercicios espirituales» o recordatorios estoicos sobre cómo actuar en la vida cotidiana.[2] Creo que la mejor manera de empezar a utilizarlos será poner en la agenda una lista de ellos sin ningún orden en particular. (Aquí se presentan simplemente en la secuencia en que aparecen en el *Enquiridión*.) En la actualidad existen muchas *apps* para los teléfonos inteligentes y otros dispositivos parecidos que le permitirán hacer esto con facilidad. Disponga la lista de manera que cada día le recuerde una de estas prácticas, en rotación (o, para hacerlo más interesante, al azar). Relea cada día en numerosas ocasiones las palabras de Epicteto, siempre que tenga un minuto, y concéntrese en poner en práctica ese día una parte específica del consejo. El primer objetivo es ser consciente de la manera estoica de pensar y —lo más importante— de actuar.[3] Al final, los ejercicios deberían convertirse en una segunda naturaleza por lo que no necesitará recordatorios (aunque siguen apareciendo en mi agenda, por si acaso) y será capaz de practicarlos espontáneamente, aplicándolos a todos los grandes y pequeños acontecimientos y situaciones de su vida.

Como es natural, los ejercicios que siguen tienen más sentido cuando se comprenden a través de la óptica de la filosofía estoica. Así que antes de analizar los ejercicios, permítame que recapitule algunos de los principios fundamentales del estoicismo que hemos aprendido a lo largo del libro.

Nos hemos encontrado con varias ideas estoicas durante nuestras conversaciones con Epicteto, empezando de manera fundamental con las tres disciplinas estoicas —deseo, acción y aprobación— y su relación con las tres áreas de estudio —física, ética y lógica— que hemos analizado en la introducción. (Este puede ser un buen momento para volver a ese análisis y refrescar su comprensión de estas disciplinas y campos de estudio.) Las disciplinas han sido la columna lógica de toda la secuencia de capítulos en este libro. Condensada hasta lo esencial (para obtener el mayor beneficio de estos ejercicios espirituales), los principios estoicos son los siguientes:

1. *La virtud es el mayor bien y todo lo demás es indiferente.* Los estoicos obtuvieron la primera parte de Sócrates, que planteó que la virtud es el mayor bien porque es la única cosa que tiene valor en todas las circunstancias y que nos ayuda a usar adecuadamente cosas como la salud, la riqueza y la educación. Todo lo demás resulta indiferente en el sentido específicamente estoico de que la virtud no se puede cambiar por nada. El estoico puede perseguir los indiferentes preferidos e intentar mantenerse alejado de los dispreferidos, siempre que ello no afecte a la virtud. En la teoría económica moderna, este popular enfoque se conoce como sistema de preferencias lexicográficas.[4] Para ilustrarlo, usted tiene una preferencia lexicográfica si no aceptaría cambiar a su hija por un Lamborghini, sin importar cuánto le gustaría tener un Lamborghini.
2. *Siga a la naturaleza.* Es decir, aplique la razón a la vida social. Los estoicos creían que podríamos tener un indicio de cómo funciona el universo si supiéramos cómo vivir nuestra vida. Como los seres humanos son por naturaleza animales sociales capaces de razonar, se deduce que deberíamos aplicar la razón para conseguir una sociedad mejor.
3. *Dicotomía del control.* Algunas cosas están bajo nuestro control y otras no lo están (aunque podamos influir en ellas). Si estamos lo suficientemente sanos desde el punto de vista mental, nuestras decisiones y comportamientos están bajo nuestro control. Todo lo demás está fuera de nuestro control. Deberíamos preocuparnos de lo que está bajo nuestro control y tratar todo lo demás con ecuanimidad.

Además, mientras practica los ejercicios propuestos aquí, recuerde que se supone que le ayudarán a mejorar su dominio de las cuatro virtudes estoicas:

Sabiduría (práctica): navegar por situaciones complejas de la mejor manera posible.

Valor: hacer lo correcto, tanto física como moralmente, en cualquier circunstancia.

Justicia: tratar a todos los seres humanos —sin importar su situación en la vida— con justicia y amabilidad.

Templanza: ejercer la moderación y el autocontrol en todas las esferas de la vida.

Ahora que hemos revisado los principios básicos que fundamentan el sistema estoico, estamos mejor equipados para examinar (¡y poner en práctica!) los doce ejercicios que he extraído del *Enquiridión* de Epicteto (bueno, en realidad de Arriano):

1. Examinar nuestras impresiones. «Convierte en una práctica el hecho de decirle a cada impresión fuerte: "Solo eres una impresión, no la fuente de la impresión". Entonces comprueba y evalúa con tus criterios, pero principalmente con uno: pregunta "¿Esto es algo que está o no bajo mi control?". Si no es una de las cosas que controlas, estate preparado con la reacción "Entonces esto no es de mi incumbencia".»[5]

Esta es la dicotomía clásica del control con la que empezamos el libro. Epicteto nos exhorta a practicar lo que posiblemente es la más importante de sus doctrinas: examinar constantemente nuestras «impresiones» —es decir, nuestras reacciones iniciales ante acontecimientos, personas y lo que nos dicen— dando un paso atrás para dejar espacio al análisis racional, evitando reacciones emocionales rápidas y preguntándonos si lo que nos encontramos está bajo nuestro control (en cuyo caso deberíamos actuar sobre ello) o no (en cuyo caso deberíamos considerar que no es de nuestra incumbencia).

Por ejemplo, unos días antes de escribir esto sufrí una intoxicación alimentaria (por pescado en mal estado) y experimenté unas cuarenta y ocho horas bastante malas durante las cuales casi no pude hacer nada interesante y mucho menos trabajar y escribir. Habitualmente, esto es algo «malo», una experiencia de la que casi todos estamos inclinados a quejarnos y a buscar que nos compadezcan. Sin embargo, la bioquímica de mi cuerpo y un agente potencialmente patógeno desde luego no están bajo mi control (aunque tomar la decisión de comer pescado en un restaurante concreto sí que lo estaba). Así que no tenía sentido que me quejase por estar enfermo a raíz de una intoxicación alimentaria porque no podía cambiar lo que ya había ocurrido. Y aunque desde luego es humano buscar que nos compadezcan, incluso esta respuesta —desde una perspectiva estoica— es una imposición a los demás para sentirnos mejor, en una situación en la que, además, los otros no pueden hacer mucho más que compadecerse de nosotros. Para un estoico es perfectamente aceptable simpatizar con los demás, pero parece un poco egocéntrico *exigir* la simpatía de los demás cuando estamos enfermos. Por eso actué de acuerdo con las palabras de Epicteto: acepté lo que había ocurrido como un hecho biológico, tomé las precauciones médicas que parecían adecuadas (tomé algunos probióticos) y después ajusté mi actitud mental a mi situación. No podía trabajar ni escribir. Bueno, entonces ni siquiera iba a intentarlo ya que había otras cosas que podía hacer, y en cualquier caso, lo más probable era que me recuperase con rapidez, de manera que iba a tener mucho tiempo para trabajar y escribir.

Un último comentario: con frecuencia no se entiende bien la parte de «no es de mi incumbencia». La idea no es que no debamos preocuparnos por lo que nos ocurre. Durante mi brote de intoxicación alimentaria, por ejemplo, recordé a la fuerza que la salud es para los estoicos un indiferente preferido: algo que es bueno tener siempre que no comprometa nuestra integridad y nuestra virtud. Pero si realmente no hay nada que se pueda hacer en relación con una situación determinada, entonces no deberíamos seguir «preocupándonos» por ella —deberíamos dejar de intentar hacer algo acerca de la situación— precisamente *porque* está fuera de nuestro control. Larry Becker llama a esto el «axioma de la futilidad», que expresa en términos bastante tajantes: «A los agentes se les pide no emprender ningún intento directo para hacer (o ser) algo que es imposible desde el punto de vista lógico, teórico o práctico».[6] Sabias palabras, según mi parecer.

2. Recordar la fugacidad de las cosas. «En el caso de las cosas particulares que te gustan, o te benefician, o a las que has cogido cariño, recuerda lo que son. Empieza con cosas de poco valor. Si te gusta la porcelana, por ejemplo, di: "Me gusta una pieza de porcelana". Cuando se rompa, no te sentirás desconcertado. Cuando le des un beso a tu esposa o hijo, repite: "Estoy besando a un mortal". Así no te sentirás tan desconsolado cuanto te los arrebaten.»[7]

Este pasaje tan famoso del *Enquiridión* conmociona a los alumnos cuando lo oyen por primera vez. Se trata de uno de los trozos más malinterpretados de la sabiduría estoica, a veces incluso conscientemente. Por eso es muy importante que lo comprendamos adecuadamente. La parte problemática, por supuesto, no es lo que Epicteto dice de la pieza de porcelana, sino la parte siguiente centrada en la esposa o el hijo. Si Epicteto se hubiera quedado con el primer ejemplo, creo que todos lo habríamos tomado como un recordatorio razonable de que no debemos encariñarnos con las *cosas*, quizá podría ser incluso una advertencia del siglo II contra el consumismo. (El consumismo no es una invención norteamericana; había bastante en la época del Imperio romano, para aquellos que, antes como ahora por supuesto, podían permitirse el consumo.) Sin embargo, la segunda parte revela una visión realmente profunda de la condición humana y es posible que requiera un poco de contexto para apreciarla de manera adecuada. Al fin y al cabo, sus practicantes consideraban el estoicismo como una filosofía del amor, no una indiferencia insensible hacia los seres humanos y sus sufrimientos.

En primer lugar recordemos el contexto histórico: Epicteto estaba escribiendo en una época en la que los emperadores (como el propio Marco Aurelio) perdían a la mayor parte de sus hijos y otros seres queridos a una edad que podríamos considerar temprana o prematura, a causa de enfermedades, violencia fortuita o guerras. Mientras la mayoría de nosotros en Occidente y en otras pocas partes del mundo somos en la actualidad afortunados en este aspecto (en especial si somos blancos y hombres), hoy sigue siendo cierto que la vida es efímera y algo puede arrebatarnos de repente y sin aviso previo a las personas que queremos profundamente.

En segundo lugar, y más importante, lo que nos aconseja Epicteto no es una indiferencia inhumana hacia nuestros seres queridos, sino todo lo contrario: deberíamos recordar constantemente lo preciosos que son nuestros seres queridos precisamente porque pueden morir muy pronto. Cualquiera que haya perdido a alguien de quien se sentía muy cercano debería saber con exactitud lo que significa esto. La idea es que deberíamos pasar por la vida igual que los generales romanos durante la celebración oficial de sus triunfos en la Ciudad Eterna: con alguien que susurra continuamente en nuestro oído «*Memento, homo*» (Recuerda, hombre).

De nuevo pido disculpas si lo llevo hacia el terreno personal. Perdí a mi madre por un cáncer alrededor de la época en que empecé a estudiar en serio el estoicismo. Había perdido a mi padre a causa de la misma enfermedad (y probablemente a causa del mismo factor desencadenante, el tabaco) una década antes. Estas dos muertes me afectaron profundamente, no porque tuviera una relación idílica con mis padres (no la tenía y en cambio me siento muy en deuda con mi abuela paterna y su pareja, mi abuelo adoptivo, con los que crecí), sino porque marcaban la pérdida de los dos individuos que me habían traído a este mundo. La pérdida de los padres es un rito de paso para la mayoría (excepto que muramos antes que ellos), y quien haya pasado por la experiencia podrá confirmar que es muy dura, sin importar las circunstancias concretas. Pero observé que la manera en que había gestionado la enfermedad y la muerte de cada uno de mis progenitores fue muy diferente en los dos casos.

Cuando a mi padre le diagnosticaron el primero de los que resultaron ser varios tipos de cáncer distintos, simplemente no tomé en serio la idea de que solo iba a tener unas pocas oportunidades más para pasar algún tiempo con él, no solo por el acortamiento repentino del horizonte temporal (murió a los sesenta y nueve años), sino también porque vivíamos a casi 7.000 kilómetros de distancia, él en Roma y yo en Nueva York. Seguí actuando como si tuviéramos todo el tiempo del mundo y simplemente me negué a asumir lo que mi mente sabía muy bien: lo que estaba ocurriendo probablemente iba a matar a mi padre en un período muy breve. Al final tardó unos cinco años, pero su declive final me siguió pillando desprevenido; en consecuencia, no estaba allí cuando finalmente murió. (Estaba de camino hacia el aeropuerto de Nueva York para tomar el vuelo a Roma.)

Siempre lamenté la manera en que respondí a la enfermedad de mi padre, hasta que el estoicismo me enseñó que el lamento se centra en cosas que ya no podemos cambiar y que la actitud correcta es *aprender* de la experiencia, no obcecarnos en decisiones que ya no podemos alterar. Esto me lleva a mi madre. Su final fue más rápido y durante un tiempo ni siquiera nos dimos cuenta de lo que estaba ocurriendo por un mal diagnóstico inicial. Pero cuando el cuadro quedó claro, pude regresar a Italia y visitarla plenamente consciente de lo que estaba ocurriendo y aceptándolo. Cada vez que la dejaba en el hospital, después de haberle dado un beso de despedida, las palabras de Epicteto resonaban con una certeza reconfortante. Realmente no sabía si iba a volver a verla al día siguiente. Nada de esto hizo que la experiencia fuera menos dura, porque el estoicismo no es una varita mágica. Pero hice todo lo que pude para estar presente en el *hic et nunc*, el aquí y ahora, como solían decir los romanos. Esta conciencia es lo que Epicteto intentaba insuflar en sus alumnos: lejos de aconsejarnos que no nos preocupemos (a pesar del «no te sentirás tan desconsolado» de la traducción, que inevitablemente pierde parte de intensidad del original griego), nos aconseja que cuidemos y apreciemos mucho lo que tenemos ahora, precisamente porque el destino nos lo puede quitar mañana.

3. La cláusula de reserva. «Siempre que planifiques una acción, practica mentalmente lo que el plan implica. Si te diriges a los baños, imagínate la escena típica de las termas: gente chapoteando, empujando, gritando y tirándote de la ropa. Completarás el acto con mayor compostura si te dices desde el principio: "Quiero bañarme, pero al mismo tiempo quiero mantener mi voluntad alineada con la naturaleza" [es decir, aplicando la razón a la vida social]. Hazlo con todos los actos. De esta manera, si ocurre algo que te fastidie el baño, tendrás dispuesto el pensamiento "Bueno, no solo era esta mi intención, también quería mantener mi voluntad en línea con la naturaleza, lo que es imposible si todo salta en pedazos cuando ocurre algo malo".»[8]

Me gusta el pasaje «lo que es imposible si todo salta en pedazos cuando ocurre algo malo». Conjure una imagen de personas que son demasiado frágiles para enfrentarse incluso al más pequeño de los desafíos de la vida porque se permitieron ser frágiles. Siempre han asumido que *por supuesto* las cosas irán bien, porque las cosas malas solo les ocurren a las demás personas (posiblemente porque de alguna manera se lo merecen). Por el contrario, como estoicos, debemos aplicar la cláusula de reserva a todo lo que hacemos e incluso utilizarla como un mantra personal: si lo permite el destino.

Notemos de nuevo que Epicteto empieza aquí con una situación muy sencilla: quiere ir a los baños y disfrutar de la experiencia. Igual que nosotros cuando vamos al cine, por ejemplo, y queremos ver la película sin el resplandor de los móviles que se encienden porque personas odiosas *tienen* que comprobar una vez más sus mensajes. Aquí también hablo desde la experiencia personal, por supuesto: en realidad me enfadaba muchísimo cuando ocurría esto, y de vez en cuando me enfrentaba al ofensor en una discusión en voz alta que, como era de prever, no conducía a ninguna parte. En la actualidad reacciono desplegando dos de las técnicas estoicas que hemos visto hasta ahora: en primer lugar, por supuesto, pienso en la dicotomía del control. Ir al cine está bajo mi control (al fin y al cabo, podría ver otra película en casa o hacer algo completamente diferente) y también lo está mi reacción ante el comportamiento de otras personas. Y aunque esto último desde luego no está bajo mi control, puedo influir en ellas: explicando educadamente al otro espectador por qué lo que está haciendo es desconsiderado, o yendo a la dirección del cine para —también con calma y educación— quejarme de la situación porque es su responsabilidad garantizar que los clientes que pagan tengan una experiencia placentera mientras frecuentan su establecimiento.

La segunda técnica consiste en desplegar la cláusula de reserva, bien entendida. Una vez más, Epicteto no nos aconseja aceptar pasivamente la rudeza de otras personas, sino que más bien nos recuerda que debemos partir con una meta concreta en la cabeza aunque los acontecimientos pueden desarrollarse de una manera que no deseamos. Siendo este el caso, nuestras opciones son sentirnos tristes, de manera que empeoremos voluntariamente nuestra situación, o recordar nuestra meta principal: ser una persona decente que no hace nada que no sea virtuoso o que pueda comprometer la propia integridad (como comportarse de manera repulsiva en reacción al comportamiento repulsivo de otra persona).

Existe una bonita analogía en la tradición estoica que explica este tema. Se atribuye a Crisipo —la tercera cabeza de la Stoa de Atenas original— y supuestamente se reproducía en uno de los volúmenes perdidos de las *Disertaciones* de Epicteto. Imaginemos un perro que está atado a un carro. El carro empieza a avanzar en la dirección que quiere el cochero, pero desde luego no en la que quiere el perro. Ahora bien, la correa es lo bastante larga como para que el perro tenga dos opciones: puede seguir con cautela la dirección que tome el carro, sobre la que no tiene ningún control, y de esta manera puede disfrutar del viaje e incluso tendrá tiempo para explorar los alrededores y ocuparse de algunos de sus asuntos, o puede resistirse obstinadamente al carro con todas sus fuerzas y acabar arrastrado, golpeado y gañendo durante el resto del viaje, acumulando mucho dolor y frustración, y perdiendo el tiempo en un esfuerzo inútil y decididamente desagradable. Los humanos somos, por supuesto, el perro: el universo sigue girando de acuerdo con la voluntad de Dios (si uno tiene inclinaciones religiosas) o con la sucesión de causas y efectos cósmicos (si nuestros gustos son más seculares). Pero tenemos cierto espacio de maniobra, mientras uno está vivo y bien, y puede elegir si disfruta del viaje, aunque siga siendo consciente de las limitaciones que tiene y sabe que lo que quiera hacer siempre lleva consigo una gran advertencia: si el destino (el cochero, Dios, el universo) lo permite. Esto es lo que significa hacer cualquier cosa mientras «te mantienes en línea con la naturaleza».

Existe también otra manera de interpretar el mensaje de este ejercicio, y le agradezco a mi amigo Bill Irvine que lo expresase de una forma especialmente clara en su libro *A guide to the good life: The ancient art of stoic joy.* Supongamos que estamos jugando un partido de tenis o, mucho más importante, nos están proponiendo para una promoción en el trabajo. El enfoque estoico en ambas situaciones es el aconsejado por Epicteto y que Bill reinterpreta como interiorización de las metas. Aunque pensamos naturalmente que el objetivo es ganar el partido, o conseguir la promoción, estos resultados no están, por supuesto, bajo nuestro control, solo podemos influir en ellos. Así que debemos plantear como objetivo algo que esté realmente en nuestro poder y que ni siquiera el destino nos pueda robar: jugar el mejor partido que podamos, sin importar el resultado, o recopilar el mejor dosier de promoción posible antes de que se tome la decisión.

Ahora ya no debería ser necesario añadir la advertencia habitual, pero *repetita iuvant* (la repetición ayuda), como decían los romanos: la idea no es aceptar pasivamente la derrota en el partido de tenis, o quizá asumir la injusticia de no conseguir la promoción que tanto nos merecemos. Más bien la idea es desplegar la sabiduría de que a veces las cosas no nos irán bien, aunque hagamos todo lo posible, y sin importar si nos merecemos ganar el partido o conseguir la promoción. No confundir las aspiraciones personales, por muy bien fundamentadas que estén, con cómo actuará (o podrá actuar) el universo es uno de los sellos distintivos de la persona sabia.

4. ¿Cómo puedo usar la virtud aquí y ahora? «Para cada desafío, recuerda los recursos que tienes dentro de ti para enfrentarte a él. Provocado por la visión de un hombre guapo o de una mujer hermosa, descubrirás en tu interior el poder contrario del autocontrol. Enfrentado al dolor, descubrirás el poder del aguante. Si te insultan, descubrirás la paciencia. A su debido tiempo, crecerás hasta confiar en que no hay una sola impresión para la que no tengas los medios morales para tolerarla.»[9]

Me parece que este pasaje es uno de los más fortalecedores de los escritos estoicos. Epicteto, un antiguo esclavo, cojo a causa de una pierna rota, nos dice que utilicemos cada una de las ocasiones, todo desafío, como una manera de ejercer la virtud, de convertirnos en un ser humano mejor mediante su aplicación constante. Notemos cómo empareja cada tentación o dificultad con una virtud que se puede practicar, desplegando el concepto estoico de que cada desafío en la vida es una oportunidad perfecta para mejorar la autosuperación. Cuando ve a una persona atractiva que pasa a su lado, no hará planes para llevarse a esa persona a la cama, excepto que se dé la circunstancia de que ambos estén libres de otras relaciones y satisfacer sus deseos no causará dolor o sufrimiento a otros. Por el contrario, recurrirá a su autocontrol y se concentrará en cómo puede alterar su mentalidad para finalmente no sentir la tentación. El segundo ejemplo es de un tipo diferente, pero aun así evoca la misma respuesta en un estoico, con un resultado similar: no se puede controlar una enfermedad y el dolor, y ocurrirá en un momento u otro de la vida. Pero se los puede controlar no solo con medicamentos (desde luego, no hay nada en la doctrina estoica que descarte el uso de la medicina cuando sea adecuada), sino también con la actitud mental correcta. No es de extrañar que con frecuencia se asocie a Epicteto con la frase «aguante y paciencia»[10] o «soportar y renunciar». Pero debemos recordar que el objetivo no es vivir una vida desgraciada y gris. Al contrario, se trata de alcanzar lo que los estoicos llaman *apatheia* que, a pesar del eco obvio y poco atractivo que despierta, hemos visto que significa tranquilidad mental, y también ecuanimidad hacia todo lo que la vida nos ponga en el camino.

Aquí quizá ayude de nuevo una anécdota personal. No hace demasiado tiempo estaba solo en casa y me preparaba la cena, ocupado en cortar cebolla para el sofrito de un buen plato de pasta. Desgraciadamente, el cuchillo estaba poco afilado, resbaló y me corté el dedo anular izquierdo: un corte profundo, tanto que tuve que aguantarlo para que no se desprendiese. (En el momento de escribir estas líneas, más de un año después, aún no he recuperado por completo la sensibilidad en ese dedo.) Recuerdo con claridad que de una manera automática adopté una actitud que probablemente no habría tenido unos años antes. Miré lo que había hecho, tomé la precaución obvia de sostener el dedo parcialmente seccionado con la otra mano, y entonces decidí rápidamente que no iba a ser una buena idea limpiar la sangre y que debería sencillamente salir y caminar hasta las urgencias médicas más cercanas para dejar que se ocupasen de mi dedo lo mejor que pudieran. De camino seguí centrado en la *premeditatio malorum* (prever las cosas malas): ¿qué era lo peor que podía ocurrir y cómo podría soportarlo? No soy médico, pero por lo que sabía, el peor escenario posible podría implicar mucho dolor, la pérdida de un poco de sangre y posiblemente la pérdida definitiva de una parte del dedo. Bueno, eso no era demasiado malo, ¿verdad? No soy pianista, soy bastante rápido al teclear mis artículos usando casi exclusivamente dos dedos, y si acababa ocurriendo, no me iba a cambiar la apariencia lo bastante como para generarme problemas en mi vida sentimental. Decidí que podía soportarlo. Y lo hice. Después las cosas resultaron significativamente mejor que el escenario *premeditatio* que había planteado: sigo conservando el dedo entero, e incluso lo uso de vez en cuando para ayudarme a teclear. También me alegro de informar que mi vida romántica tampoco se vio afectada.

5. Hacer una pausa y respirar hondo. «Recuerda, no es suficiente con que te golpeen o insulten para que te hieran, debes creer que van a herirte. Si alguien tiene éxito en provocarte, date cuenta de que tu mente es cómplice de la provocación. Esa es la razón por la que resulta esencial que no respondamos impulsivamente a las impresiones; tómate un momento antes de reaccionar y descubrirás que es más fácil mantener el control.»[11]

Como hemos visto, los estoicos resistían muy bien los insultos, idealmente como rocas. (¿Ha intentado alguna vez insultar a una roca? ¿Cómo le ha ido?) Los que se dejaron llevar por esta inclinación también respondieron con sentido del humor. No obstante, aquí la cuestión radica en practicar el paso crucial que nos permite examinar nuestras impresiones de una manera más racional, sin importar si son negativas, como los insultos, o positivas, como las sensaciones de placer: debemos resistir el impulso de reaccionar inmediata e instintivamente a situaciones problemáticas en potencia. En cambio, debemos hacer una pausa, respirar hondo, quizá salir a dar una vuelta a la manzana, y solo entonces considerar el tema de la manera más desapasionada (en el sentido de ecuánime, no con desinterés) posible. Este es un consejo sencillo pero muy difícil de aplicar. También es muy muy importante. En cuanto empiece a practicar en serio este ejercicio, verá grandes mejoras en la manera en que se enfrenta a las cosas y recibirá reacciones positivas de todos aquellos que también perciban dichas mejoras. En este punto ni siquiera puedo contar el número de ocasiones en las que hacer lo que dice Epicteto ha salvado una situación en mi vida y ha mejorado mi estado de ánimo.

¿Conoce el famoso eslogan comercial de Nike «*Just do it*»? [Solo hazlo]. Pues no, los estoicos no están de acuerdo. Si es importante, en realidad debería parar y pensarlo antes de decidir si lo va a hacer. Imagine cuánto dolor habría dejado de infligir a los demás, cuántas dificultades o situaciones embarazosas habría evitado, y en general hasta qué punto se habría sentido más confiado y positivo si hubiera empezado a hacerlo hace unos años. Como dice nuestro amigo Epicteto: «[La próxima vez] que te encuentres algo problemático o placentero o glorioso o nefasto, recuerda que ha llegado la hora de luchar, la competición olímpica está aquí y no puedes posponerla, y que un día y una acción determinan si el progreso que has logrado se pierde o se mantiene».[12] Los Juegos Olímpicos de la vida ya han empezado y aunque no haya participado antes, el momento de unirse a ellos es ahora, no mañana.

6. Alterizar. «Podemos familiarizarnos con la voluntad de la naturaleza al recordar nuestras experiencias comunes. Cuando un amigo rompe un vaso, decimos rápidamente "Oh, mala suerte". Entonces resulta razonable que cuando se rompe uno de tus vasos lo aceptes con el mismo espíritu paciente. Pasando a asuntos más serios: cuando muere la esposa o el hijo de alguien, todos decimos rutinariamente: "Bueno, eso forma parte de la vida". Pero si está implicado alguien de nuestra familia, entonces pasamos al "¡Pobre, pobre de mí!". Haríamos mejor en recordar cómo reaccionamos cuando una pérdida similar afligió a los demás.»[13]

Este ejercicio resulta fascinante: Epicteto nos recuerda

aquí la visión diferenciada que tenemos de un acontecimiento cuando ha afectado a otras personas y cuando el mismo hecho nos afecta a nosotros. Naturalmente, es mucho más fácil mantener la ecuanimidad (que, lo vuelvo a repetir, no se debe confundir con la impasividad emocional) cuando pequeños inconvenientes, o incluso desastres, les ocurren a los demás y no a nosotros. Pero en realidad, ¿por qué? ¿Qué nos hace pensar que somos los preferidos especiales del universo, o que deberíamos serlo?

Por supuesto, incluso cuando conseguimos ser conscientes e interiorizar (lo que es mucho más difícil) que somos como todos los demás en el planeta y que deberíamos tener la misma actitud ante un acontecimiento cuando le ocurre a los demás y cuando nos ocurre a nosotros, podemos dar la vuelta al argumento de los estoicos y decir que lo correcto es sentir por el infortunio de todo el mundo el mismo nivel de dolor y empatía que sentimos por el propio. El estoico tiene dos respuestas para este argumento: una basada en las pruebas empíricas y la otra, en un razonamiento derivado de los principios filosóficos. El hecho empírico es que los seres humanos son simplemente incapaces, desde el punto de vista psicológico, de tanta empatía. Sentir en realidad la misma pena y desconsuelo por cada vida perdida en el planeta Tierra como el que sentimos normalmente cuando muere un ser querido es, dicho con sencillez, inhumano. El argumento filosófico es que estamos más cerca de la verdad, aunque no estemos totalmente en lo cierto, cuando decimos a las otras personas «Lo siento mucho, pero es ley de vida», que cuando nos decimos a nosotros mismos «¡Pobre de mí! ¡Pobre de mí!». Los accidentes, las heridas, las enfermedades y la muerte son inevitables y, aunque resulta comprensible que nos hagan sentir desconsolados (presumiblemente en proporción a su gravedad: ¡romper un vaso no es lo mismo que perder a una esposa!), podemos consolarnos sabiendo que se trata del orden normal de las cosas. El universo no nos persigue, o al menos no persigue a nadie en particular.

Ambas interpretaciones del ejercicio de la «alteridad» me han resultado útiles en varias experiencias recientes. A veces suelo desestimar los sentimientos de personas cercanas porque me parece que están sobrerreaccionando ante las cosas que les ocurren. Pero Epicteto me recuerda que suelo sentir de manera diferente cuando hechos similares —como el comentario mordaz de un amigo o un colega— me ocurren a mí. Del mismo modo, cuando me encuentro en el otro extremo de la acción, ahora recuerdo al instante que casi todo el mundo que conozco ha experimentado lo mismo que me está incomodando en ese momento, o lo experimentará en algún momento de su vida. La costumbre constante de ajustar mis reacciones ante las desgracias de los demás y colocar mis problemas en contexto al recordar que son iguales que los del resto de la humanidad me está ayudando —según creo— a ver las cosas con una ecuanimidad de la que carecía antes de interesarme por el estoicismo.

7. Hablar poco y bien. «Deja que el silencio sea tu objetivo en la mayoría de las ocasiones; di solo lo que sea necesario y sé breve. En las raras ocasiones en que te pidan que hables, habla, pero nunca sobre banalidades como los gladiadores, los caballos, los deportes, la comida y la bebida, todos ellos temas vulgares. Sobre todo no cotillees sobre otras personas, alabándolas, culpándolas o comparándolas.»[14]

Debo admitir que me resulta difícil practicar este ejercicio, probablemente porque tengo un ego algo por encima de la media y las costumbres profesionales del maestro que se encuentra con demasiada frecuencia en modo profesional. Aun así, he intentado recordar este consejo y tomarlo en serio, y me sirve cada vez más. Muy pocas personas quieren sermones durante la cena o en un encuentro social. Si pienso en ello, probablemente muy pocas personas quieren un sermón en ninguna circunstancia. Así que un efecto secundario de este ejercicio es que a buen seguro será más bienvenido sin importar la ocasión.

Si la miramos más de cerca, la lista de Epicteto de las cosas sobre las que no hay que hablar resulta reveladora en sí misma y por sí misma. Es posible que en la actualidad no hablemos demasiado sobre los gladiadores, pero hablamos sobre las estrellas del deporte, el cine y la música, y otras «celebridades» (que, como explica certeramente una canción del musical *Chicago*, significa «ser famoso por ser famoso»). ¿Por qué tenemos que apartarnos de estas charlas o al menos caer en ellas lo menos posible? Porque están básicamente vacías. ¿Por qué tenemos que preocuparnos por lo que están haciendo las Kardashian (o cualquier otra celebridad del momento)? Decir que el interés en este tipo de temas es la marca distintiva de una mente bastante superficial suena elitista, por supuesto, y por ello disgusta a nuestra sensibilidad moderna, pero solo porque hemos sido condicionados para pensar que el diálogo «serio» es aburrido y que en cualquier caso requiere más conocimientos y atención de los que la mayoría de nosotros asociamos con una buena conversación. Esto, sin embargo, no ha sido siempre cierto. Los que frecuentaban los antiguos simposios griegos o sus equivalentes romanos, los *convivium* (que significa «vivir juntos»), creían que una buena cena giraba alrededor de una conversación sobre filosofía, política y otros temas «serios». Para que la conversación fluyera mejor, tanto los griegos como los romanos servían un vino ligero y algo para picar. Durante la Ilustración surgieron «salones» privados por toda Europa y la gente competía por recibir una invitación para unirse a las conversaciones de salón, con muy pocas noticias de que fueran aburridas.

La segunda lista de Epicteto —los temas de conversación que deberíamos evitar «por encima de todo»— se centra en el cotilleo y los juicios de valor sobre las personas. Esta lista requiere un análisis más detenido. El cotilleo probablemente evolucionó a lo largo del tiempo como una vía para que la gente «siguiera el rastro», por decirlo de alguna manera, de los miembros de su tribu, lo que resulta muy útil cuando la supervivencia depende de la fiabilidad (o no) de los que nos rodean. Aunque incluso en la sociedad moderna tenemos la necesidad de evaluar a las personas con las que interactuamos para decidir si podemos confiar en ellas como pareja, amigos, socios en los negocios, compañeros de trabajo y otros aspectos similares, probablemente lo mejor es hacerlo directamente, en persona, basándonos en lo que la persona en cuestión dice y —en especial— en lo que hace. Dedicarse al cotilleo y juzgar a las personas que no están presentes para defenderse simplemente no parece que sea algo virtuoso, y la idea estoica es que nos rebajamos siempre que nos dedicamos a estas actividades.

Una parte importante de lo que Epicteto está sugiriendo aquí se erige sobre el principio estoico general de que podemos decidir nuestro mejor curso de acción y a continuación redirigir nuestro comportamiento según esta meta. Al principio, esto es difícil e incluso nos parece antinatural, pero después la costumbre se afianza y reconducir nuestro comportamiento se vuelve cada vez más fácil, hasta que alcanzamos el punto en que nos preguntamos cómo era posible que nos comportásemos de otra manera. Por eso no sugiero que intente cambiar de manera repentina y drástica su actitud en los eventos sociales. Pero inténtelo y vea si le sienta bien. Empiece a responder cada vez menos a las charlas sobre «gladiadores» y de vez en cuando introduzca temas más interesantes que se basen en algo que haya leído o visto recientemente, y que tenga la sensación de que puede conducir a una conversación mutuamente beneficiosa con sus amigos. ¡Mire qué ocurre! Me sigue sorprendiendo que ahora disfruto mucho más de las cenas.

8. Elegir bien la compañía. «Evita fraternizar con no filósofos. Pero si tienes que hacerlo, ten cuidado de no bajar a su nivel; porque, sabes, si un compañero es sucio, sus amigos no pueden evitar ensuciarse un poco, sin importar lo limpios que estaban al principio.»[15]

Me río cada vez que lo leo porque se trata de otro ejemplo de franqueza estoica, por decirlo con suavidad; lo normal es que escandalice la sensibilidad moderna, pero aun así, cuanto más reflexiono sobre ello, más me convenzo de que la sensibilidad moderna podría beneficiarse de algún escándalo ocasional. Es más, para nuestros oídos, este tipo de advertencias suenan (¡una vez más!) insufriblemente elitistas, pero solo un momento de reflexión revela que no lo son. En primer lugar recordemos la fuente: procede de un exesclavo que se ganaba la vida enseñando al aire libre, no desde la sala de estar estirada y aristocrática de una versión romana semiaislada de una McMansion o una comunidad cerrada. En segundo lugar hay que señalar que con «filósofos» Epicteto no se está refiriendo a académicos profesionales (confíe en mí, no querrá convertir en costumbre socializar mayoritariamente con estos últimos), sino más bien a personas que están interesadas en seguir la virtud y en cultivar su carácter. Desde la perspectiva de los antiguos, que bien podría ser la nuestra, todo el mundo debería aspirar a ser un filósofo en este sentido del término, es decir, a aplicar la razón para mejorar la vida y el bienestar de uno mismo y de su comunidad. En un sentido más general, se trata simplemente del consejo sensato de que nuestra vida es corta, la tentación y la pérdida de tiempo siempre están al acecho, y por eso tenemos que prestar atención a lo que estamos haciendo y a quiénes son nuestros compañeros.

Una vez más he intentado implementar lentamente esta estrategia en mis interacciones sociales: fue muy bien con el ejercicio anterior de participar en conversaciones menos y más significativas. No quiero decir simplemente que he limpiado la lista de mis «amigos» en Facebook (aunque también lo he hecho), sino que realmente he prestado atención a con quién paso mi tiempo y por qué. Idealmente, recuerde cómo lo dice Aristóteles (¡que no era un estoico!): queremos estar con amigos que son mejores que nosotros, de manera que podamos aprender de ellos. En última instancia queremos que nuestros amigos sean el tipo de personas que pueden sostener un espejo para nuestra alma, de manera que podamos mirarla con franqueza y conseguir una idea mejor de cuánto trabajo hay que hacer en ella (el alma, no el espejo).

9. Responder a los insultos con humor. «Si te enteras de que alguien está hablando mal de ti, no intentes defenderte de los rumores; en su lugar responde: "Sí, y él no sabe ni la mitad, porque podría haber dicho más".»[16]

Este es un ejemplo perfecto de la sabiduría profunda que acompaña el sentido del humor distintivo de Epicteto: en lugar de sentirse ofendido por los insultos de alguien (recuerde: lo que dicen no está bajo nuestro control), responda autodespreciándose. Nos sentiremos mejor y el difamador, avergonzado, o como mínimo desarmado. El ya mencionado Bill Irvine ha convertido este consejo en una forma de arte. Explica la historia de un colega de su departamento que una vez lo paró en medio del vestíbulo para decirle: «Estaba intentando decidir si citaba tu obra en mi siguiente artículo». Al principio, Bill se sintió encantado al pensar que uno de sus colegas apreciaba realmente su trabajo técnico (créame, no ocurre tan frecuentemente como uno podría pensar, en especial en los departamentos de filosofía), pero el colega prosiguió de inmediato: «Sí, pero no puedo decidir si lo que escribiste solo está equivocado o era directamente malvado». En este momento, la mayoría nos sentiríamos bastante ofendidos por este tipo de comentarios, que se podrían interpretar como una «observación» sin malicia (los académicos gozan de una fama, que no es del todo inmerecida, de ser socialmente poco cuidadosos, por decirlo con suavidad) o en realidad menosprecio intencionado. En lugar de defenderse del ataque y lanzarse a una explicación detallada, y probablemente inútil, de por qué su artículo no era malvado ni estaba equivocado, Bill hizo lo que aconsejan los estoicos: respiró hondo, sonrió y replicó: «Bueno, menos mal que no has leído mis otras obras, o habrías visto lo malvado *y* equivocado que estoy *realmente*».

Estoy seguro de que el lector no tendrá ningún problema en creer que también he intentado aplicar este consejo, aunque de manera imperfecta. Hacerlo ha representado una diferencia significativa en la forma en que me relaciono con los demás, en especial con los hostiles. En mi juventud era mucho más inseguro y más inclinado a ofenderme, a veces enfurruñado durante horas o incluso perdiendo el sueño por lo que percibía como un insulto, en especial si procedía de alguien a quien admiraba o consideraba un amigo. Nunca más. Ahora sigo a Bill y en la actualidad disfruto de las ocasiones en las que me insultan (debo decir que son bastante raras).

El mejor ámbito para practicar lo que él llama «pacifismo insultante» es, por supuesto, internet. Yo mantengo un conjunto de redes sociales activas por motivos profesionales y de trabajo de divulgación,[17] por no mencionar dos blogs,[18] y (estoy seguro de que es una experiencia habitual) esto proporciona un terreno extremadamente fértil para todo tipo de insultos, fanfarronería y rudeza. Por eso he tenido que establecer reglas básicas para mis lectores y seguidores —así como para mí mismo— en una fase muy temprana del juego, antes de interesarme por el estoicismo. Desde entonces, responder a los insultos con humor ha convertido mi vida virtual en una experiencia mucho más placentera. Sin embargo, lo que hice en primer lugar fue seguir el consejo anterior de Epicteto de hablar poco y con concreción: simplemente no respondo o discuto tanto como antes, mientras que he aumentado el tiempo que paso escuchando. Lo que es más importante, he empezado a interiorizar el concepto de que un insulto funciona no porque esa sea la intención de la persona que lo emite, sino porque el receptor permite que se convierta en un insulto.

Existen dos consideraciones esenciales que se deben analizar con respecto a este ejercicio. La primera y más importante: no se debe tomar como una manera errónea de ignorar el serio problema del acoso, tanto en la variedad digital como en persona. El acoso es un comportamiento que no resulta aceptable y debe ser erradicado desde el principio, en especial cuando se dirige —como ocurre con mucha frecuencia— contra menores o contra personas que sufren problemas psíquicos que las convierten en especialmente vulnerables ante él. Pero en general, buena parte de lo que los estoicos aconsejan es cierto: los dos enfoques —trabajar en la eliminación o contención de un problema mientras que al mismo tiempo se desarrolla la resistencia personal— no son mutuamente excluyentes. De hecho, no solo no es necesario escoger una estrategia o la otra, sino que se pueden reforzar recíprocamente. Cuanto más se entrene la resistencia a los insultos, más fuerte se sentirá uno psicológicamente, y por eso podrá reaccionar de una manera más apropiada y efectiva, y viceversa: resistir al acoso nos permitirá reconocer la actitud infantil que es en realidad (incluso, o en especial, cuando la practican los «adultos»), y esta conciencia nos llevará a cultivar una mayor resiliencia.

La segunda consideración surge de una objeción que oigo a menudo cuando se habla de este consejo estoico en particular: quizá, según este argumento, lo que se percibe como un insulto solo pretende ser una crítica, incluso constructiva. Pero al ignorarlo o no tomarlo en serio, se puede perder una oportunidad para mejorar e incluso interpretarse como arrogancia.

En respuesta debemos recordar que una de las virtudes cardinales estoicas es la sabiduría, cuya práctica nos permite distinguir con mayor facilidad la crítica del insulto. Con frecuencia, la distinción es tan clara que no se necesita ser un sabio para verla. Aun así, siempre vale la pena plantearse varias preguntas si somos el receptor de lo que sentimos como un insulto. ¿Esta persona es un amigo o alguien a quien respetamos? Si es así, entonces lo más probable es que esté ofreciendo un consejo, quizá de una manera algo impertinente pero de todos modos con buenas intenciones. Incluso si no es probable que la persona sea amistosa o esté en una buena posición para darnos un consejo constructivo y útil, quizá está viendo algo que se nos escapa. También en ese caso vale la pena ignorar el aspecto menos agradable de lo que está diciendo para concentrarnos en lo que es posible que tenga razón y se nos haya escapado. En cualquier caso, no existe ningún motivo para que no podamos aprovechar los insultos, incluso cuando pretenden serlo, como una ocasión para aprender.

10. No hablar demasiado de nosotros mismos. «En tu conversación, no te detengas demasiado en tus logros o aventuras. Solo porque te guste contar tus gestas no significa que los demás obtengan el mismo placer de escucharlas.»[19]

Debo admitir que con excesiva frecuencia no he logrado seguir este consejo (véase «ego» y «modo profesional» unas páginas atrás), pero lo sigo intentando. No obstante, cuando lo consigo, no solo me siento bien, sino que disfruto más de mi vida social. Me siento bien porque, como hemos visto con otros ejercicios —y, de hecho, como reconocen claramente los propios estoicos—, existe un placer peculiar cuando somos capaces de ejercer un poco de autocontrol. Quizá me pueda explicar mejor planteando una analogía con ir al gimnasio. No sé ustedes, pero cuando voy al gimnasio y alguien detrás del mostrador de recepción sonríe y me saluda con un alto y alegre «¡Disfruta de los ejercicios!», la primera idea que me viene a la cabeza es: ¿quién demonios disfruta haciendo ejercicio? Sí, lo sé, algunas personas disfrutan realmente con ello, pero la mayoría no. Y aun así se trata del tipo de cosas que hacemos porque hemos reflexionado sobre los beneficios que proporciona hacerlo y hemos decidido que la ganancia merece el esfuerzo. Pero también se da el caso de que una vez que hemos llegado al final de los ejercicios y nos dirigimos a la ducha, sentimos un tipo peculiar de satisfacción, no solo de los beneficios psicológicos del ejercicio sino también porque somos capaces de darnos unas palmaditas en la espalda y decir: ha sido duro, no lo queríamos hacer, ¡pero lo hemos hecho!

En cuanto a los beneficios sociales positivos de este ejercicio espiritual en particular, creo que son obvios: al igual que nadie quiere soportar un pase de diapositivas de tus últimas vacaciones (aunque se presenten como imágenes minúsculas en un brillante iPhone último modelo), nadie quiere oír a una persona que no hace más que hablar de sí misma. Sin duda no somos tan interesantes como nos imaginamos. Así que confíen en mí (y en Epicteto): ser algo más consciente de esta verdad básica de la interacción social e intentar tenerla un poco más en cuenta solo hará que nuestros amigos y conocidos sean más felices.

11. Hablar sin juzgar. «Algunos se bañan con prisa; no digas que se bañan mal, sino con prisa. Alguien bebe mucho vino; no digas que bebe mal, sino mucho. Mientras no conozcas sus razones, ¿cómo puedes saber que sus acciones son malas? Esto evitará que percibas una cosa con claridad, pero después expreses algo diferente.»[20]

También sigo trabajando en esto, lo siento. Pero repito, el consejo de Epicteto es muy útil y muy típicamente estoico. La idea es distinguir entre los hechos —que podemos expresar si están justificados por la observación— y las valoraciones, de las que en general deberíamos abstenernos porque normalmente no tenemos información suficiente.

Como todos sabemos, casi todos los días se nos presentan innumerables ocasiones para practicar este ejercicio. ¿Un amigo se ha descuidado en cuanto a su apariencia física? Intentemos describir simplemente el hecho en lugar de elaborar una valoración. A continuación podemos preguntarnos por qué podría haber ocurrido. ¿El amigo *quiere* ser menos atractivo o perder su forma física? Probablemente no. Entonces, ¿cuáles son las causas profundas? Y en lugar de juzgar el resultado, ¿puedo ayudarlo en lugar de quedarme en la crítica? O quizá un compañero de trabajo ha gritado, a nosotros o a otra persona. En lugar de chillar (o murmurar) lo que nos parece que podría ser un epíteto «apropiado», preguntémonos: ¿alguna vez le *he* gritado a alguien? Sí, por supuesto. Y cuando lo hice, ¿fue realmente divertido tratar a alguien como una basura? ¿O había razones profundas y no demasiado obvias para que gritase a pesar de saber que no me convenía? ¿Y cómo me habría gustado que los demás considerasen mi estallido? ¿Cómo habría querido que reaccionasen? Ahora hagamos un esfuerzo para dar la vuelta a la situación y ver si podemos practicar el consejo de Epicteto en presencia de este irritable compañero de trabajo.

Detengámonos durante un momento e intentemos imaginar hasta qué punto sería mejor el mundo si todos evitáramos realizar juicios de valor precipitados y contempláramos los asuntos humanos centrándonos en los hechos, con un poco más de compasión hacia nuestros congéneres humanos.

12. Reflexionar sobre nuestro día. «No admitas el sueño en tus tiernos párpados hasta que hayas evaluado cada uno de los hechos del día: ¿cómo he errado, qué he hecho o dejado de hacer? Empieza así y revisa tus actos y entonces por los actos infames amonéstate, por los buenos alégrate.»[21]

Este último ejercicio procede de las *Disertaciones*, no del *Enquiridión* (y de hecho, ya lo hemos visto), pero creo que es trascendental y lo incluyo aquí porque me ha resultado extremadamente beneficioso. Séneca nos aconseja algo muy parecido, y dice específicamente que es mejor hacerlo por la noche pero antes de acostarse, porque cuando ya estamos en la cama empezamos a adormecernos y perdemos la concentración. Busquemos un lugar tranquilo en la casa o piso (se puede encontrar incluso en los espacios minimalistas que la mayoría de las personas pueden permitirse en Nueva York) y reflexionemos sobre lo que ha ocurrido durante el día. A mí me resulta útil anotar mis reflexiones, como hacía Marco Aurelio con sus «meditaciones».

El objetivo es centrarse en los acontecimientos importantes del día, en especial en los que tienen un valor ético. Quizá he tenido hoy una interacción desagradable con un colega, o no he tratado a mi pareja tan bien como debía. Pero también es posible que haya sido magnánimo con un alumno o haya ayudado a un amigo. Para cada uno de estos tipos de hechos redacto un par de líneas en mi diario filosófico, añado un comentario tan desapasionado como sea posible —como si estuviera evaluando mi actuación ética durante ese día— y tomo nota mental de lo que he aprendido de mis experiencias. Llegados a este punto, honestamente no puedo hacer nada mejor que ofrecerles una pequeña prueba de Séneca en persona, seguramente el más convincente y elegante de los autores estoicos:

> El espíritu se debe examinar a diario. Era la costumbre de Sextio cuando el día había acabado y se había dispuesto para descansar, preguntar a su espíritu: «¿Cuáles de tus malas costumbres has curado hoy? ¿Qué vicio has controlado? ¿En qué aspecto eres mejor?». La ira cesará y se volverá más amable, si sabe que cada día tendrá que comparecer ante el tribunal. ¿Qué puede ser más admirable que esta manera de analizar la totalidad de los acontecimientos del día? ¿Qué dulce es el sueño que sigue a este autoexamen? ¿Qué calma, qué tranquilidad y despreocupación cuando nuestro espíritu ha recibido el elogio o la reprimenda, y cuando nuestro inquisidor y censor secreto ha informado sobre nuestra moral? Yo utilizo este privilegio y diariamente defiendo mi causa delante de mí mismo: cuando la lámpara desaparece de mi vista y mi esposa, que conoce mi costumbre, ha dejado de hablar, repaso todo el día delante de mí y repito todo lo que he dicho y hecho: no me escondo nada y no omito nada: ¿por qué voy a tener miedo de cualquiera de mis defectos, cuando está en mi poder decir: «Te perdono esta vez: procura no volver a hacerlo nunca más»? [...] Un buen hombre se complace en recibir consejo: todos los hombres malos son los más impacientes cuando reciben una guía.[22]

Apéndice

Las escuelas helenísticas de filosofía práctica

> El asombro es la sensación de un filósofo y la filosofía empieza con el asombro.
>
> Platón, *Teeteto*, 155

A lo largo de este libro hemos hablado de ética, en concreto desde el punto de vista de los estoicos. La ética, por supuesto, es una de las ramas clásicas de la filosofía, siendo las otras la estética (que se ocupa de la belleza y del arte), la epistemología (el estudio de cómo conocemos las cosas), la lógica (dedicada a comprender la razón) y la metafísica (para comprender la naturaleza del mundo).

Pero como hemos visto al principio del libro, «ética» tiene un significado diferente en la actualidad que para los antiguos grecorromanos, y por supuesto el estoico no era el único punto de vista para su estudio. Mientras que la ética moderna se ocupa principalmente de si las acciones son correctas o no, los filósofos premodernos concebían la ética como una investigación mucho más amplia sobre cómo vivir una vida feliz, cuya consecución consideraban la empresa más importante del ser humano. Pero una vida feliz se puede conseguir de maneras muy diferentes, dependiendo de qué concepto de *eudaimonía* —la vida floreciente— se adopte. Las grandes escuelas helenísticas de filosofía diferían esencialmente en este punto y resulta útil tener una idea de cuáles eran —y aún son— las alternativas al estoicismo. Al fin y al cabo, junto con *A guide to the good life* del autor Bill Irvine, creo que adoptar y adaptar una filosofía de vida para guiarnos es más importante que la filosofía específica que acabemos escogiendo.

Es verdad que por ahí existen «filosofías» realmente terribles que no conducen al florecimiento humano. Pero también existen numerosas alternativas que pueden tener más sentido para usted, porque no quiero dejarle con la impresión incorrecta de que se trata del estoicismo o el caos. No voy a analizar la variedad de filosofías vitales que han surgido en la tradición oriental —budismo, taoísmo, confucianismo y demás— porque no sé lo suficiente sobre ellas y porque hay mucho material excelente que puede utilizar el lector interesado. Aquí resultará instructivo repasar con rapidez aquellas que surgieron de la tradición occidental en el período helenístico, antes del auge del cristianismo. Lo que sigue es un árbol genealógico simplificado de las principales escuelas helenísticas que se centraron o tuvieron mucho que decir sobre la buena vida.[1]

Como pueden ver, todo empezó con Sócrates.[2] Surgiendo de diferentes interpretaciones de sus enseñanzas, florecieron un trío de escuelas: la Academia de Platón, los cirenaicos de Aristipo y el cinismo de Antístenes. El aristotelismo se originó en el seno de la Academia (frecuentada por Aristóteles), la escuela cirenaica condujo al epicureísmo y el cinismo dio origen al estoicismo, aunque la relación real entre estas escuelas se puede considerar más de todas con todas que en términos de una descendencia lineal, teniendo en cuenta que las influencias recíprocas se produjeron a lo largo de los siglos. Vamos a echarle una mirada rápida a cada una de ellas, porque quién sabe, puede resultar que después de haber aprendido tanto sobre el estoicismo, usted sea en realidad un cínico o, Zeus no lo quiera, ¡un epicúreo!

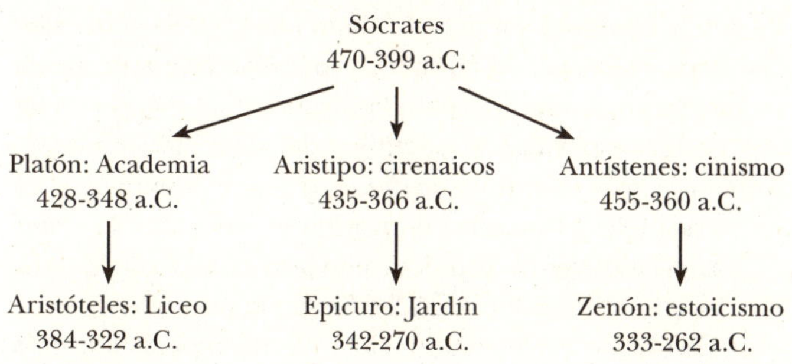

FIG. A.1. Las relaciones históricas y conceptuales entre las principales escuelas helenísticas de filosofía y cómo divergen del pensamiento de Sócrates.

Socratismo: conocemos lo que enseñó Sócrates en su mayor parte (aunque no exclusivamente) a través de los primeros diálogos platónicos (por ejemplo, *Laques*, *Cármides*, *Protágoras*). Suyo fue el prototipo del enfoque ético de la virtud en el que la sabiduría es el Bien Principal, lo único que siempre es bueno porque es necesario para el uso adecuado de todo lo demás. Para Sócrates, nuestro imperativo moral consiste en examinar nuestra vida y la razón es nuestra mejor guía para hacerlo. La vida eudaimónica, según él, consiste en actuar de la manera correcta, y el mal es el resultado de la ignorancia, o *amathia* (en otras palabras, nadie quiere hacer cosas malas a propósito).

Platonismo (la Academia): Platón, en los diálogos posteriores, conservó aspectos esenciales de la visión de Sócrates (en especial que la vida eudaimónica consiste en practicar la virtud), mientras que al mismo tiempo añadía varias nociones metafísicas y reformulaba cosas en función de su famosa teoría de las Ideas (o de las Formas), en la que la abstracta e idealizada Idea del Bien es el principio trascendente de toda bondad. Al final subordinó el florecimiento individual a las necesidades sociales, como en la *República*, en que el Estado ideal refleja la división tripartita del alma humana, y los filósofos, naturalmente, están al mando, como la razón está al mando de las partes «espiritual» y «apetitiva» del alma individual.

Aristotelismo (la escuela peripatética, el Liceo): también para Aristóteles el objetivo de la vida era alcanzar la *eudaimonía* a través de la práctica de las virtudes (de las cuales identificaba hasta doce). Según el punto de vista de Aristóteles, existe una función adecuada para cada cosa en el mundo, incluidos los humanos: nuestra función adecuada es usar la razón, así que usar bien la razón es la vía para vivir una vida eudaimónica. No obstante, también necesitamos bienes externos, como una familia y un entorno social que nos apoye, cierto nivel de educación, salud y riqueza, e incluso una buena apariencia. En consecuencia, lo más importante es que la capacidad para vivir una vida eudaimónica no está totalmente en manos del sujeto: también se necesita algo de suerte en forma de circunstancias favorables.

Escuela cirenaica: Aristipo de Cirene fue, lo que resulta muy significativo, el primero de los discípulos de Sócrates que aceptó dinero por sus servicios. Para él, el propósito primario de la vida no era la felicidad a largo plazo sino más bien la experiencia momento a momento de los placeres corporales. Para lograrlo son necesarias las virtudes prácticas, pero solo de manera instrumental, con el objetivo de buscar placer. Aun así, no debemos pensar en los cirenaicos como simples buscadores de sexo, drogas y *rock'n'roll*, sino más bien como perseguidores de lo que podríamos llamar hedonismo ilustrado. Como afirma Aristipo: «Poseo, pero no soy poseído». El autocontrol era importante para mantener la alegría mientras se extraía lo mejor de cada situación.

Epicureísmo (el Jardín): también Epicuro enseñó que la vida consiste en aumentar el placer personal y (sobre todo) en reducir el dolor. Pero el hedonismo epicúreo era mucho más sofisticado que el cirenaico (a pesar de la mezcla que realizaron posteriormente los cristianos en un exitoso intento de luchar contra la amenaza de una secta rival). En especial incluía placeres mentales que se consideraban superiores a los corporales, y la felicidad no era solo una cosa del momento a momento, sino un proceso a lo largo de toda la vida. La vía epicúrea incluía liberarse de los prejuicios (en especial de naturaleza religiosa), dominando los deseos, viviendo una vida modesta y cultivando la amistad. No obstante, de crucial importancia es que los epicúreos aconsejaban la retirada de la vida social y política (porque era mucho más probable que acarreara dolor antes que placer).

Cinismo: según Antístenes de Atenas, el fundador de la escuela cínica, la virtud entendida como sabiduría práctica no solo es necesaria sino suficiente para una vida eudaimónica. Por eso los cínicos llevaron hasta el extremo el estilo de vida frugal de Sócrates. Pensemos en Diógenes de Sinope, el discípulo de Antístenes, que era famoso por vivir en una cuba, pedía limosna para vivir y se burlaba de todas las convenciones sociales. Muchos estoicos admiraban a los cínicos, y nuestro amigo Epicteto dedicó el largo capítulo 22 del tercer libro de las *Disertaciones* a un elogio del cinismo. Según él, si realmente no puedes ser un cínico, al menos sé un estoico.

Estoicismo: Zenón de Citio, el fundador del estoicismo, aprendió su filosofía inicialmente de Crates, que era un cínico y discípulo de Diógenes de Sinope. Como sabe muy bien el lector, el estoicismo se sitúa a medio camino entre el aristotelismo y el cinismo, mientras que al mismo tiempo rechazaba con fuerza el epicureísmo. Los estoicos estaban de acuerdo con los cínicos en que la virtud es necesaria y suficiente para la felicidad, pero también se inclinaban hacia los peripatéticos al recuperar (cierto) interés en los bienes externos, que clasificaron como indiferentes preferidos y dispreferidos, que se pueden buscar, o evitar, siempre que no comprometan la integridad de carácter.

En definitiva, existió un bonito progreso conceptual y una ramificación desde el punto de partida socrático: la rama platónica/aristotélica se mantuvo cerca del eudaimonismo socrático, pero los platónicos se volvieron místicos (la teoría de las ideas, la república ideal), mientras que los aristotélicos se volvieron pragmáticos (algunos bienes externos son necesarios para alcanzar la *eudaimonía*). La rama cirenaica/epicúrea abandonó la centralidad de la virtud y en cambio se volvió hacia la dicotomía placer-dolor, con la diferencia principal de que los cirenaicos consideraban solo los placeres corporales momento a momento, mientras que los epicúreos valoraban más los placeres intelectuales y durante toda la vida. (Ecos de su filosofía se pueden oír en John Stuart Mill y en la ética utilitaria moderna.) Finalmente, la rama cínica/estoica permaneció con la primacía socrática de la virtud, con los cínicos volcándose hacia un estilo de vida ascético y los estoicos elaborando una vía para recuperar (pero aun así puesto en perspectiva) lo que la mayoría de las personas considerarían apariencias deseables. Ambas escuelas fueron muy influyentes a lo largo de la historia del cristianismo.

Agradecimientos

Este libro es el resultado de un viaje personal espiritual, filosófico e intelectual que empezó hace muchos años y ha pasado por muchas vicisitudes. Estoy seguro de que este tampoco será el punto final. Muchas personas han contribuido directa o indirectamente a este viaje y me gustaría expresar mi agradecimiento a algunas de ellas: Enrica Chiaromonte, mi profesora de filosofía en el instituto, que me inculcó la pasión por el tema que tardó un cuarto de siglo en florecer; Melissa Brenneman, por su apoyo cuando tomé la loca decisión de cambiar de carrera y convertirme en filósofo; Corinna Colatore, por estar ahí desde el principio de mi viaje por el estoicismo y soportar mi práctica diaria, sin importar lo inconveniente que puede resultar a veces; mis colegas en el City College de Nueva York, por su apoyo a mi enfoque idiosincrático de nuestra disciplina; a la multitud de personas detrás de *Stoic Week* y STOICON, a través de las cuales descubrí el estoicismo, y que me han acogido y ayudado desde entonces; a mi compañero estoico (y budista) Greg Lopez, que me ha enseñado mucho sobre Epicteto, Marco y Séneca; Tisse Takagi, mi agente, que ha sido un entusiasta de este proyecto desde el principio y un guía valioso en la realización; T. J. Kelleher, mi editor en Basic Books, cuya profesionalidad me sigue sorprendiendo cada vez que trabajamos juntos; y a mi muy cuidadosa correctora, Cindy Buck.

Notas

1. La ruta extraviada

1. Epicteto, *Disertaciones*, II.12. El texto completo en inglés de las *Disertaciones* [*Discourses*] de Epicteto en: http://classics.mit.edu/Epitctetus/discourses.html; su más corto *Enquiridión* [*Enchiridion*] (o *Manual* [*Handbook*]), escrito en 135 d.C. y traducido al inglés por Elizabeth Carter, se puede encontrar en: http://classics.mit.edu/Epitctetus/epicench.html.

2. Epicteto, *Disertaciones*, I.27.

3. Séneca, «Carta 24: Del menosprecio de la muerte», en Séneca el Joven, *Complete Works* (Delphi Classics, 2014), p. 19.

4. Séneca, «Sobre la tranquilidad del espíritu», II.

5. Para más información sobre la *Stoic Week* [Semana Estoica] («Vive como un filósofo estoico durante una semana»), véase la página web http://modernsoicism.com/. Para información sobre la STOICON, la conferencia anual relacionada para personas interesadas en el estoicismo, véase «STOICON» en mi página web How to Be a Stoic [Cómo ser un estoico]: https://howtobeastoic.wordpress.com/stoicon/.

6. Citado en Robert Epstein, «The Prince of Reason», *Psychology Today*, 1 de enero de 2001.

7. Aaron T. Beck, A. John Rush, Brian F. Shaw y Gary Emery, *Cognitive Therapy of Depression* (Nueva York: Guilford Press, 1987), p. 8.

8. William Irvine, *A guide to the good life* (Nueva York: Oxford University Press, 2008).

9. Para aclarar lo que quiero decir con un ejemplo, los científicos cognitivos también han demostrado una y otra vez que los seres humanos son malos al estimar probabilidades, un hecho muy explotado por la industria del juego y las loterías. Pero nadie puede aducir estos descubrimientos como una razón para eliminar el estudio de la estadística; por el contrario, es precisamente dicho estudio el que puede inmunizar a la gente, al menos en parte, contra los errores más habituales (¡y a veces ruinosos!) del razonamiento cuantitativo.

10. Séneca, «Carta 33: Sobre la futilidad de aprender máximas», II.

11. No nos ha llegado gran cosa de los escritos de Musonio, pero han sido reunidos en una excelente traducción reciente al inglés por Cynthia King, *Musonius Rufus: Lectures and Sayings*, editado y con un prefacio de William B. Irvine (William B. Irvine, 2011).

12. Las *Meditaciones* de Marco, un diario filosófico de reflexiones personales que no estaba destinado originalmente a su publicación, es uno de los libros más populares de todos los tiempos. Como las *Disertaciones* de Epicteto, nunca ha estado agotado. Para una versión completa en inglés, véase *The Meditations* de Marco Aurelio, escritas en 167 d.C. y traducidas por George Long, disponibles en: http://classics.mit.edu/Antoninus/meditations.html.

2. Un mapa para el viaje

1. Diógenes Laercio, *Vidas, opiniones y sentencias de los filósofos más ilustres*, VII.2, disponible en inglés en: https://en.wikisource.org/wiki/Lives_of_the_Eminent_Philosophers.

2. Los trabajos físicos y los deportes aparecen con frecuencia en la antigua filosofía grecorromana. Cleantes, el segundo director de la Stoa, fue púgil y se ganaba la vida sacando agua de los jardines.

3. Diógenes Laercio, *Vidas, opiniones y sentencias de los filósofos más ilustres*, VII.183.

4. Véase David Sedley, «The School, from Xeno to Arius Didymus» en *The Cambridge Companion to the Stoics*, editado por Brad Inwood (Cambridge: Cambridge University Press, 2003).

5. Epicteto, *Disertaciones*, III.2.

6. Este diagrama es mi propia interpretación de un comentario de Donald Robertson (en su *Stoicism and the art of happiness: Ancient tips for modern challenges* [Teach Yourself, 2013]), que a su vez deriva de una obra académica de Pierre Hadot, *The Inner Citadel: The Meditations of Marcus Aurelius* (Cambridge, MA: Harvard University Press, 1998).

Parte I
LA DISCIPLINA DEL DESEO: LO QUE ES O NO ES ADECUADO DESEAR

3. Algunas cosas están en nuestro poder, otras no

1. Salomón ibn Gabirol, *Choice of Pearls* (Nueva York: Bloch Publishing Co., 1925), cap. 17, verso 2.

2. *The Way of the Bodhisattva* (Boulder, CO: Shambhala Publications, 2008), cap. 6, verso 10.

3. Epicteto, *Enquiridión*, I.1.

4. Epicteto, *Disertaciones*, II.5, I.1.

5. Cicerón, *De finibus bonorum et malorum* (Del supremo bien y el supremo mal), III.22, en inglés en *Complete Works of Cicero* (Delphi Ancient Classics, 2014).

6. Epicteto, *Disertaciones*, I.1.

7. *Ibid.*, III.24.

4. Vivir de acuerdo con la naturaleza

1. Epicteto, *Disertaciones*, II.9.

2. Frans de Waal, *Primates and philosophers: How morality evolved* (Princeton, NJ: Princeton University Press, 2009).

3. Sobre la falta de un hueso en el pene humano y otras rarezas, véase Robert D. Martin, «The evolution of human reproduction: A primatological perspective», *American Journal of Physical Anthropology* (suplemento 45, 2007): pp. 59-84.

4. Sobre la singularidad del lenguaje humano y otros temas relacionados, véase Chet C. Sherwood, Francys Sibiaul y Tadeusz W. Zawidzki, «A natural history of the human mind: Tracing evolutionary changes in brain and cognition», *Journal of Anatomy*, 212 (2008): pp. 426-454.

5. Una lista completa de los universales humanos (siempre sujeta a debate y refinamiento, por supuesto) se puede encontrar en Donald Brown, *Human universals* (Filadelfia: Temple University Press, 1991).

6. Epicteto, *Disertaciones*, II.9.

7. David Hume, *A treatise of human nature* (Londres: John Noon, 1739), p. 335.

8. Incluso en la actualidad la mayoría de las personas piensan que la fuente obvia de la moral es dios, pero esta proposición —que por supuesto es distinta de la cuestión de si existe o no un dios (o dioses)— fue refutada contundentemente hace 2.400 años por nada menos que Sócrates, una gran influencia de los estoicos. Véase, por ejemplo, el capítulo 18 de mi *Answers for Aristotle: How science and philosophy can lead us to a more meaningful life* (Nueva York: Basic Books, 2013).

9. Posiblemente se puede entender mejor el concepto de error de categoría con el ejemplo clásico que se explica en las clases de introducción a la filosofía: si preguntas «¿Cuál es el color de los triángulos?», puede parecer que estás planteando una cuestión profunda, pero de hecho estás aplicando una categoría (color) a un concepto (triángulos) al que la categoría sencillamente no pertenece. Los triángulos, como figuras geométricas abstractas, se describen en términos de ángulos, tamaños y otras características, pero no en términos de color, aunque por supuesto un triángulo concreto puede tener cierto color. Pero aun así, con este tipo de preguntas podremos desconcertar a alguien durante unos segundos en una fiesta. Solo es preciso alejarse pronto, antes de que nuestro interlocutor haya tenido tiempo de pensar durante unos segundos.

10. Para un texto accesible sobre el concepto de instinto moral, véase Stephen Pinker, «The moral instinct», *New York Times Magazine*, 13 de enero de 2008.

11. El llamado cambio de los cinco a siete años (o seis a ocho), intuido por los antiguos, es en la actualidad un concepto científico bien establecido, respaldado por pruebas sólidas tanto psicológicas como de la neurociencia. Véase, por ejemplo, Arnold J. Sameroff y Marshall M. Haith, *The five to seven year shift: The age of reason and responsibility* (Chicago: University of Chicago Press, 1996).

12. Epicteto, *Disertaciones*, I.19.

13. *Ethical fragments of Hierocles, preserved by Stobaeus*, traducido al inglés por Thomas Taylor (1822). Véase el fragmento «How we ought to conduct ourselves towards our kindred» [Cómo deberíamos comportarnos con nuestros familiares].

14. Epicteto, *Disertaciones*, I.9.

5. Jugar a la pelota con Sócrates

1. Epicteto, *Disertaciones*, II.5.

2. Existen pruebas bastante sólidas de que tanto los griegos como los romanos jugaban a un tipo de fútbol, aunque no nos han llegado las reglas del juego. El Museo Nacional de Arqueología de Atenas conserva un relieve en mármol que muestra a un adulto y a un niño, con el adulto sosteniendo claramente lo que los romanos llamaban un *folis*, que se parece a un balón de fútbol (es decir, una pelota inflada). Más aún, Cicerón explica un caso judicial en Roma de un hombre que murió mientras lo afeitaban en una barbería porque lo golpeó un balón de fútbol del tipo *pile*, que se caracterizaba por las puntadas, muy parecidas a las de los balones de fútbol modernos.

3. «Es posible que [otros] impidan nuestras acciones, pero no puede haber ningún impedimento a nuestras intenciones o a nuestras disposiciones. Porque podemos acomodarlas y adaptarlas. La mente adapta y convierte a sus propósitos los obstáculos a nuestras acciones. El impedimento para la acción avanza la acción. Lo que está en el camino se convierte en el camino.» Marco Aurelio, *Meditaciones*, V.20.

4. Epicteto, *Disertaciones*, II.5.

5. Séneca, *Epístolas*, 108, 22.

6. Musonio Rufo, «The lecture about food», *Lectures*, parte B, 3, 7 y 8 en Musonio Rufo, *Lectures and Sayings*, traducido por Cynthia King (CreateSpace, 2011).

7. Muchas de las llamadas falacias lógicas informales en realidad no son en absoluto falacias, o al menos no lo son siempre. Con frecuencia son simplemente heurísticas: atajos que se pueden usar para llegar a una comprensión satisfactoria de una situación, o a un juicio de valor preliminar. Gritar acusaciones de falacias lógicas es una práctica muy habitual en las discusiones sobre afirmaciones pseudocientíficas, como mis colegas y yo hemos argumentado en este artículo: Maarten Boudry, Fabio Paglieri y Massimo Pigliucci, «The fake, the flimsy, and the fallacious: Demarcating arguments in real life», *Argumentation* 29 (2015): pp. 431-456.

8. ¿Tiene curiosidad de por qué he escogido Eleven Madison Park? A causa de este artículo (Edward Frame, «Dinner and deception», *New York Times*, 22 de agosto de 2015) de uno de los antiguos «capitanes», que ofrece una visión entre bambalinas de la cultura de servicio en el local y los clientes que usan y abusan de ella. Debo añadir que dudo que Eleven Madison Park sea especial en este aspecto.

9. Marco Aurelio, *Meditaciones*, V.16.

10. Gran parte de lo que sabemos de la vida y las aventuras de Diógenes el Cínico procede de otro Diógenes, Laercio, en su *Vidas, opiniones y sentencias de los filósofos más ilustres.*

11. Séneca, *Sobre varios aspectos de la virtud*, 18.

12. Debo agradecer a uno de los lectores de mi blog howtobeastoic.org, que participa con el nombre de usuario «timbartik», por orientarme hacia el orden lexicográfico como un buen modelo para distinguir entre virtud e indiferentes preferidos.

13. Varios filósofos han utilizado implícitamente el orden lexicográfico cuando han planteado el caso de que un bien en particular no debería estar a la venta; véase, por ejemplo, Michael J. Sandel, *What money can't buy: The moral limits of markets* (Nueva York: Farrar, Straus & Giroux, 2012), y Debra Saltz, *Why some things should not be for sale: The moral limits of markets* (Nueva York: Oxford University Press, 2010).

6. ¿Dios o los átomos?

1. Epicteto, *Disertaciones,* I.6.

2. Tomás de Aquino, *Summa Theologiae* (1273), Artículo 3, Cuestión 2.

3. William Paley, *Natural theology: or, Evidence of the existence and attributes of the deity, collected from the appearance of nature* (Londres: J. Faulder, 1802), cap. 1.

4. David Hume, *Dialogues concerning natural religion* (1779), parte II.

5. Charles Darwin (1903), *More letters of Charles Darwin,* editadas por Francis Darwin y A. C. Seward (Nueva York: D. Appleton and Co., 1903), p. 252. Véase también Sara Joan Miles, «Charles Darwin and Asa Gray discuss teleology and design», *Perspectives on Science and Christian Faith* 53 (septiembre de 2001): pp. 196-201, disponible en: http://goo.gl/kbdNR5.

6. Epicteto, *Disertaciones,* I.12. Una postura muy cercana a la de Epicteto ha sido planteada y defendida recientemente con argumentos modernos por el filósofo Tim Mulgan en su *Purpose in the Universe: The moral and metaphysical case for ananthropocentric purposivism* (Nueva York: Oxford University Press, 2015).

7. Epicteto, *Disertaciones,* II.8.

8. Existe una diferencia sutil pero importante entre panteísmo y panenteísmo: en el primer caso, Dios es idéntico a la naturaleza; en el segundo, Dios está mezclado con la naturaleza (es decir, Dios está en todas partes), pero aun así existe una distinción entre Dios y la naturaleza. Lo que dificulta la toma de una decisión en el caso estoico es que, por un lado, utilizaban los términos «Dios» (o «Zeus», pero sin referirse a su versión olímpica) y «naturaleza» de manera intercambiable. Pero también creían que el universo está hecho de materia, una parte de la cual (todos los seres vivos, incluidos los humanos) también comparte el principio racional, el Logos. Así que, en realidad, su metafísica tiene elementos tanto del panteísmo como del panenteísmo, aunque no tenga mayor importancia para el argumento que estoy desarrollando.

9. Epicteto, *Disertaciones*, I.12. Porque «a dónde voy / tú me ves», véase Homero, *Ilíada*, X.279.

10. Séneca, *Epístolas*, I.12.11.

11. Marco Aurelio, *Meditaciones*, I.17.

12. *Ibid.*, II.11.

13. *Ibid.*, III.3.

14. *Ibid.*, XII.14.

15. Para mi visión, digamos que más madura, del Nuevo Ateísmo, véase «New Atheism and the scientistic turn in the atheism movement», *Midwest Studies in Philosophy* 37, n.º 1 (2015): pp. 142-153, disponible en: http://philpapers.org/rec/PIGNAA.

16. Para una muestra de mis debates, si les apetece, véase «Dr. Massimo Pigliucci vs. Kent Hovind [un creacionista]», subido el 7 de marzo de 2012, https://goo.gl/oab5OX; «William Lane Craig [un teólogo] vs. Massimo Pigliucci», subido el 9 de diciembre de 2012, https://goo.gl/D4T7h7; y «Creation/ Evolution Debate: Dr. [Duane] Gish [un creacionista] vs. Dr. [Massimo] Pigliucci, May 20 1999, Part 1», subido el 6 de abril de 2013, https://goo.gl/txfKjG.

17. Cicerón, *La naturaleza de los dioses*, en *Complete Works of Cicero* (Delphi Ancient Classics, 2014).

Parte II
LA DISCIPLINA DE LA ACCIÓN: CÓMO COMPORTARSE EN EL MUNDO

7. Solo se trata del carácter (y la virtud)

1. Epicteto, *Disertaciones*, I.2.

2. Un análisis en profundidad de la opinión de Sócrates sobre la sabiduría como el bien principal se encuentra en el diálogo platónico conocido como *Eutidemo*. Platón, *Eutidemo*, traducido al inglés por G. A. McBryer y M. P. Nichols, introducción de D. Schaeffer (Focus Philosophical Library, 2010). He publicado un comentario del mismo desde la perspectiva estoica, «Why Plato's *Euthydemus* Is Relevant to Stoics», en la

web How to Be a Stoic, 20 de agosto de 2015, disponible en: https://goo.gl/9K3t2a.

3. Los antiguos reconocían dos tipos de sabiduría: *sophia,* que se refiere a la capacidad para comprender la naturaleza del mundo —la palabra *filosofía* significa «amor» (*philo*) por la «sabiduría» (*sophos*)— y *phronêsis,* o sabiduría práctica, la capacidad para tomar buenas decisiones en la vida, y una de las cuatro virtudes estoicas. La falta de *sophia,* como veremos muy pronto, tiene su propia palabra, *amathia,* que conduce al error moral sin importar la inteligencia y la educación. En otras palabras, ser inteligente y educado no garantiza que seamos sabios.

4. Katherine Dahlsgaard, Christopher Peterson y Martin E. P. Seligman, «Shared virtue: The convergence of valued human strengths across culture and history», *Review of General Psychology* 8 (2005): pp. 203-213.

5. Esta lista está adaptada de *Ibid.*, tabla 1.

6. Marco Aurelio, *Meditaciones,* XI.27.

7. Epicteto, *Disertaciones,* I.29.

8. *Ibid.*, II.3.

9. *Ibid.*, IV.3.

8. Una palabra muy crucial

1. Citado en *Robert Browning: Selected Poems,* editado por John Woolford, Daniel Karlin y Joseph Phelan (Nueva York: Routledge, 2013), p. 364.

2. Epicteto, *Disertaciones,* I.26.

3. *Ibid.*, I.28.

4. Agradezco a mi amiga Amy Valladares que me facilitase esta entrevista y que haya traducido el trozo que cito aquí. La entrevista completa, «Hannah Arendt im Gespräch mit Joachim Fest (1964)» (en alemán), se puede encontrar en: https://goo.gl/JOeyJC (subida el 8 de agosto de 2014). Una transcripción en lengua inglesa fue publicada como *Hannah Arendt: The last interview and other conversations* (Nueva York: Melville House, 2013).

5. Platón, *Eutidemo,* 281d.

6. Sherwood Belangia, «Ignorance vs. stupidity», en Shared Ignorance, 8 de septiembre de 2014, https://goo.gl/vmIohg.

7. Alcibíades es una figura histórica maravillosamente interesante sobre la que —de manera sorprendente— no parece que nadie haya escrito una biografía o filmado una película. Deberían hacerlo. Empezó la guerra del Peloponeso en el bando de Atenas, su ciudad natal. En cierto momento fue exiliado y se pasó a Esparta, para la que consiguió varias derrotas de Atenas. Después también se volvió impopular en Esparta, así que desertó a Persia, el enemigo ancestral de las ciudades-estado griegas. A continuación, fue llamado a Atenas, donde planificó lo que resultó la desastrosa invasión de Sicilia, que se puede considerar una de las razones principales por las que Atenas acabó perdiendo la guerra. Pero el resultado podría haber sido diferente si Alcibíades hubiera podido dirigir la expedición como estaba planeado. En cambio, sus conciudadanos volvieron a exiliarlo y otorgaron el mando al inepto Nicias. Entonces Alcibíades huyó una vez más, esta vez a Frigia, donde buscó ayuda para luchar contra Esparta. Probablemente fue asesinado por los agentes espartanos en las montañas de Frigia.

8. *Primer Alcibíades,* 118a-c, en *Plato in Twelve Volumes,* vol. 8, traducido al inglés por W. R. M. Lamb (Cambridge, MA: Harvard University Press; Londres: William Heinemann Ltd., 1955).

9. Belangia, «Ignorance vs. stupidity», disponible en: https://woodybelangia.com/2014/09/08/ignorance-vs-stupidity/.

10. Glenn Hughes citado en *ibid.* de un ensayo titulado «Voegelin's use of Musil's concept of intelligent stupidity in Hitler and the Germans» (Eric Voegelin Institute, 2007).

11. Eurípides, *Medea,* 1078.

12. Epicteto, *Disertaciones,* I.28.

13. *Ibid.,* II.26.

14. Michael Shermer, *Why people believe weird things* (San Francisco: W. H. Freeman, 1997).

15. Barbara J. Guzzetti, Tonja E. Snyder, Gene V. Glass y Warren S. Gamas, «Promoting conceptual change in science: A comparative meta-analysis of instructional interventions from

reading education and science education», *Reading Research Quarterly* 28 (1993): pp. 116-159.

16. Epicteto, *Disertaciones* IV.5.

9. El papel de los modelos

1. Stephen Palmer, «The Stockdale paradox: The right way to leverage hope», en http://stephenpalmer.com/stockdale-paradox-hope/.

2. Dos ensayos de Stockdale sobre el estoicismo están disponibles en línea: «The Stoic warrior triad: Tranquility, fearlessness, and freedom», conferencia pronunciada el 18 de abril de 1995, en http://goo.gl/dszFyQ; y «Master of my fate: A Stoic philosopher in a Hanoi Prison», s.f., en http://goo.gl/jrooWm.

3. Vicealmirante James B. Stockdale, «Stockdale on Stoicism II: Master of my fate», 5, en https://www.usna.edu/Ethics/_files/documents/Stoicism2.pdf.

4. Vicealmirante James B. Stockdale, «Stockdale on Stoicism I: The Stoic warrior's triad», 16, en https://www.usna.edu/Ethics/_files/documents/stoicism1.pdf.

5. Epicteto, *Enquiridión*, 9.

6. Epicteto, *Disertaciones*, IV.7.

7. Clark Kent es, por supuesto, el *alter ego* de Superman. Ben Casey era el cirujano protagonista de *Ben Casey*, una serie de la televisión americana muy popular a principios de la década de 1960.

8. Epicteto, *Disertaciones*, III.15.

9. Véase Massimo Pigliucci, *Phenotypic plasticity: Beyond nature and nurture* (Baltimore: Johns Hopkins University Press, 2001).

10. El debate que sigue se basa en un artículo claro y convincente de Hugh Mercer Cutler, «Can virtue be taught?», *Humanitas* 7, n.º 1 (1994), http://www.nhinet.org/humsub/curt 17-1.pdf.

11. Véase Lawrence Kohlberg, Charles Levine y Alexandra Hewer, *Moral stages: A current formulation and a response to critics* (Basilea: Karger Publishing, 1983).

12. Pigliucci, *Phenotypic plasticity*, pp. 253-262.

13. Séneca, «Sobre la firmeza de la persona sabia», en *Complete Works*.

14. Para una biografía reciente de Catón, véase Rob Goodman y Jimmy Soni, *Rome's last citizen: The life and legacy of Cato, moral enemy of Caesar* (Nueva York: St. Martin's Press/Thomas Dunne Books, 2012).

15. Plutarco, «Vida de Catón», en *Parallel Lives*, Delphi Complete Works of Plutarch (Delphi Classics, 2013), 70.6.

16. Massimo Pigliucci, «On death and stoicism», para la serie IN SIGHT, Aeon, https://aeon.co/videos/how-the-stoics-embrace-of-death-can-help-us-get-a-grip-on-life.

10. Discapacidad y enfermedad mental

1. Lawrence Becker, *A new stoicism* (Princeton NJ: Princeton University Press, 1997).

2. El grupo de encuentros de los estoicos de Nueva York se puede encontrar en: http://www.meetup.com/New-York-City-Stoics.

3. Una de las consecuencias de conocer a Larry Becker fue una entrevista que le hice sobre diferentes aspectos de la teoría y la práctica estoicas. «Interview with Larry Becker» se subió en cuatro partes el 22, 24, 29 y 31 de marzo de 2016 en la página web How to Be a Stoic: https://goo.gol/cfPGgL; https://goo.gl/FyFZT8; https://goo.gl/hKgWiw; y https://goo.gl/Gcc6La.

4. El vídeo de la intervención de Larry Becker en una reunión de Post-Polio Health International, «Developing a personal philosophy about disability», se puede encontrar en: http://www.polioplace.org/personal-philosophy-disability.

5. Para unos pocos ejemplos de estudios que muestran que la «parálisis del consumidor» es la consecuencia de tener demasiado donde elegir, véase Hazel Rose Markus y Barry Schwartz, «Does choice mean freedom and well-being?», *Journal of Consumer Research* 37 (2010): pp. 344-355; Tina Harrison, Kathryn Waite y Phil White, «Analysis by Paralysis: The

pension purchase decision process», *International Journal of Bank Marketing* 24 (2006): pp. 5-23; y Graeme Drummond, «Consumer confusion: Reduction strategies in higher education», *International Journal of Educational Management* 18 (2006): pp. 317-323.

6. Epicteto, *Disertaciones*, IV.8.

7. Véase Andrew Overby, «How stoicism helped me overcome depression», en Stoicism Today, 19 de septiembre de 2015, http://goo.gl/sIGWuR.

8. Resulta que «cómo es ser [no tú]» es uno de los problemas filosóficos imposibles; véase Thomas Nagel, «What is it like to be a bat?», *Philosophical Review* 83, n.º 4 (octubre de 1974): pp. 435-450, https://goo.gl/PjZSeM.

9. Marco Aurelio, *Meditaciones*, VII.61.

10. William Irvine, *A guide to the good life: The ancient art of Stoic joy* (Nueva York: Oxford University Press, 2008), p. 254.

11. Epicteto, *Disertaciones*, I.25.

12. Véase «Stoicism as a means to cope with autism», en Stoicism Today, 26 de abril de 2015, http://goo.gl/YOQBfM. No dispongo de espacio para analizar a algunos otros estoicos que conozco y cuyos planteamientos ante problemas vitales personales y no triviales proporcionan ejemplos adicionales del poder de esta filosofía; véase Leonidas Konstantakos, «On Epictetus and post-traumatic stress», en Stoicism Today, 30 de enero de 2016, http://goo.gl/oxXDrl; Chris Peden, «Autism and stoicism I», en Stoicism Today, 25 de abril de 2015, http://goo.gl/ogXOyV (escrito desde el punto de vista del padre de dos niños autistas); y el ensayo tremendamente conmovedor de Marco Bronx, «In praise of chronic pain: A Stoic meditation», en Stoicism Today, 30 de julio de 2016, https://goo.gl/F5zOi2.

13. Séneca, «Sobre la utilidad de los principios básicos», *Cartas a Lucilio*, XCV.53.

14. Séneca, «De los peligros de la soledad», *Cartas a Lucilio*, XXV.2.

Parte III
LA DISCIPLINA DEL CONSENTIMIENTO: CÓMO REACCIONAR ANTE LAS SITUACIONES

11. Sobre la muerte y el suicidio

1. Una noción igualmente fortalecedora de la muerte se puede encontrar en otras filosofías, como el epicureísmo (el rival directo del estoicismo) y el budismo (el primo oriental del estoicismo).

2. Epicteto, *Disertaciones*, II.6.

3. *Ibid.*, III.26.

4. El título de uno de los famosos ensayos de Michel de Montaigne (reunidos en un libro que ha dado su nombre a todo el género moderno) era «Estudiar filosofía es aprender a morir» (1580); el texto completo en inglés está disponible en: https://en.wikisourde.org/wiki/The_Essays_of_Montaigne. Resulta clarificador que empiece: «Cicerón dice "que estudiar filosofía no es nada más que prepararse para la propia muerte"».

5. Epicuro, «Carta a Meneceo», http://www.epicurus.net/en/menoeceus.html [en inglés].

6. Epicteto, *Disertaciones*, III.26.

7. *Ibid.*, IV.7.

8. Si siente curiosidad, he desarrollado en detalle estas razones en Massimo Pigliucci, «Mind uploading: A philosophical counter-analysis», en *Intelligence unbound: The future of uploaded and machine minds*, editado por Russell Blackford y Damien Broderick (Hoboken, NJ: Wiley, 2014).

9. Epicteto, *Disertaciones*, IV.1.

10. Julie Watson, «Terminally ill woman holds party before ending her life», Associated Press, 11 de agosto de 2016, http://goo.gl/jqOr2A.

11. Epicteto, *Disertaciones*, II.1.

12. La interpretación de la «puerta abierta» de Epicteto como una referencia al suicidio está ampliamente aceptada en los estudios académicos sobre la filosofía antigua. Véase, por ejemplo, W. O. Stephens, «Epictetus on fearing death: Bugbear and open door policy», *Ancient Philosophy* 34 (2014): pp. 365-391.

13. Epicteto, *Disertaciones*, I.25.

14. *Ibid.*, II.5.

15. Dos biografías recientes de Séneca presentan dos puntos de vista diferentes sobre su nivel moral y su coherencia filosófica: James Romm, *Dying every day: Seneca at the court of Nero* (Nueva York: Alfred A. Knopf, 2014); y Emily Wilson, *The Greatest Empire: A life of Seneca* (Nueva York: Oxford University Press, 2014).

16. Epicteto, *Disertaciones*, II.15.

17. *Ibid.*, I.9.

12. Cómo gestionar la ira, la ansiedad y la soledad

1. A Platón no le hicieron demasiada gracia las burlas de Aristófanes contra su maestro y llegó hasta el punto de acusar en parte al dramaturgo, en su diálogo *Fedón*, de la posterior ejecución de Sócrates por el Estado ateniense. La afirmación resulta dudosa, pero no del todo injustificada, según los estudiosos modernos.

2. Epicteto, *Disertaciones*, I.18 y I.29.

3. Resulta irónico que Luciano de Samósata explique que, tras la muerte de Epicteto, uno de sus amigos se hizo con una lámpara que había pertenecido al filósofo y consiguió venderla por la excelente suma de 3.000 dracmas. Estoy bastante seguro de que el filósofo lo habría desaprobado.

4. Un artículo útil sobre el reconocimiento y la gestión de la ira desde una perspectiva psicológica moderna es: American Psychological Association, «Controlling anger before it controls you», en http://www.apa.org/topics/anger/control.aspx.

5. Epicteto, *Disertaciones*, I.18.

6. Para tres ejemplos de un sistema penitenciario que respaldaría un estoico, véase «Inside Norway's progressive prison system», CNN, 3 de agosto de 2011, http://edition.cnn.com/2011/WORLD/europe/08/02/vbs.norwegian.prisons/; «Progressive prison keeps door open», This is Finland, http://finland.fi/life-society/progressive-prison-keeps-doors-open/; y Nicholas Turner y Jeremy Travis, «What we learned from German prisons», *New York Times*, 6 de agosto de 2015.

7. APA, «Controlling anger before it controls you».

8. Epicteto, *Disertaciones*, II.12.

9. Espero que sepan a qué me estoy refiriendo. Si no, echen un vistazo a «Monty Python: Always look on the bright side of life», https://youtu.be/jHPOzQzk9Qo (unos 2'30") (subido el 28 de julio de 2006).

10. Epicteto, *Disertaciones*, II.13.

11. Estos son los artículos concretos: Rebecca Harris, «The loneliness epidemic: We're more connected than ever—But are we feeling more alone?», *The Independent*, 30 de marzo de 2015; Vanessa Barford, «Is modern life making us lonely?», *BBC News Magazine*, 8 de abril de 2013; y Janice Shaw Crouse, «The loneliness of American society», *The American Spectator*, 18 de mayo de 2014. Una búsqueda rápida en Google revela muchos más.

12. Colin Killeen, «Loneliness: An epidemic in modern society», *Journal of Advanced Nursing* 28 (1998): pp. 763-770.

13. *Ibid.*, p. 762.

14. Epicteto, *Disertaciones*, III.13.

13. Amor y amistad

1. Esta y las siguientes citas del encuentro de Epicteto con el padre desconsolado proceden de *Disertaciones*, I.11.

2. *Ibid.*, IV.5.

3. *Ibid.*, II.14 y I.29.

4. Este sentido de la inevitabilidad de *storgē* explica por qué la palabra, en contra de la intuición, también se usaba para indicar algunas cosas que no tenemos más opción que aceptar, como «amar» a un tirano.

5. Epicteto, *Disertaciones*, II.22.

14. Ejercicios espirituales prácticos

1. Estos libros muy prácticos sobre el estoicismo incluyen a William B. Irvine, *A guide to the good life: The ancient art of stoic joy* (Nueva York: Oxford University Press, 2008); y Donald Ro-

bertson, *Stoicism and the art of happiness: Ancient tips for modern challenges* (Teach Yourself, 2013).

2. Muchas gracias a mi amigo, compañero estoico y colaborador en muchos proyectos, Greg Lopez, que me ha ayudado generosamente a reunir estos ejercicios.

3. Greg y yo hemos reunido un abanico más amplio de ejercicios, veinticuatro en total, añadiendo muchos más a esta lista procedentes de las *Meditaciones* de Marco Aurelio. Para el lote completo, véase el blog How to Be a Stoic, «Collections», en https://howtobeastoic.wordpress.com/collections/.

4. Como se analizó en el capítulo 5, el orden lexicográfico entra en acción cuando algunos filósofos plantean que algunos bienes en particular no deberían estar a la venta; véase Sandel, *What money can't buy*, y Saltz, *Why some things should no be for sale.*

5. Epicteto, *Enquiridión*, I.5.

6. Lawrence C. Becker, *A New Stoicism* (Princeton, NJ: Princeton University Press, 1997), p. 42.

7. Epicteto, *Enquiridión*, III.

8. *Ibid.*, IV.

9. *Ibid.*, X.

10. Epicteto, *Disertaciones*, IV.8.

11. Epicteto, *Enquiridión*, XX.

12. *Ibid.*, CI.

13. *Ibid.*, XXVI.

14. *Ibid.*, XXXIII.2.

15. *Ibid.*, XXXIII.6.

16. *Ibid.*, XXXIII.9.

17. En Twitter, https://twitter.com/mpigliucci; en Facebook, https://www.facebook.com/FootnotesToPlato; y en Google Plus, https://plus.google.com/u/o/111907992359490335188.

18. Mi blog sobre filosofía general se puede encontrar en platofootnote.org y sobre estoicismo en howtobeastoic.org.

19. Epicteto, *Enquiridión*, XXXIII.14.

20. *Ibid..*, XLV.

21. Epicteto, *Disertaciones*, III.10.

22. Séneca, *De la ira*, III.36.

Apéndice. Las escuelas helenísticas de filosofía práctica

1. El diagrama está adaptado de John-Stewart Gordon, «Modern morality and ancient ethics», Internet Encyclopedia of Philosophy, http://www.iep.utm.edu/anci-mod/ (consultado el 27 de mayo de 2016).

2. Hay una razón para que la totalidad de la historia de la filosofía occidental se divida en presocráticos y lo que ocurrió a partir de Sócrates.

Índice analítico